Petra Dobner

Neue Soziale Frage und Sozialpolitik

Elemente der Politik

Herausgeber:
Hans-Georg Ehrhart
Bernhard Frevel
Klaus Schubert
Suzanne S. Schüttemeyer

Die ELEMENTE DER POLITIK sind eine politikwissenschaftliche Lehrbuchreihe. Ausgewiesene Expertinnen und Experten informieren über wichtige Themen und Grundbegriffe der Politikwissenschaft und stellen sie auf knappem Raum fundiert und verständlich dar. Die einzelnen Titel der ELEMENTE dienen somit Studierenden und Lehrenden der Politikwissenschaft und benachbarter Fächer als Einführung und erste Orientierung zum Gebrauch in Seminaren und Vorlesungen, bieten aber auch politisch Interessierten einen soliden Überblick zum Thema.

Petra Dobner

Neue Soziale Frage und Sozialpolitik

VS VERLAG FÜR SOZIALWISSENSCHAFTEN

Bibliografische Information Der Deutschen Nationalbibliothek
Die Deutsche Nationalbibliothek verzeichnet diese Publikation in der
Deutschen Nationalbibliografie; detaillierte bibliografische Daten sind im Internet
über <http://dnb.d-nb.de> abrufbar.

1. Auflage März 2007

Alle Rechte vorbehalten
© VS Verlag für Sozialwissenschaften | GWV Fachverlage GmbH, Wiesbaden 2007

Lektorat: Frank Schindler

Der VS Verlag für Sozialwissenschaften ist ein Unternehmen von
Springer Science+Business Media.
www.vs-verlag.de

Das Werk einschließlich aller seiner Teile ist urheberrechtlich geschützt. Jede Verwertung außerhalb der engen Grenzen des Urheberrechtsgesetzes ist ohne Zustimmung des Verlags unzulässig und strafbar. Das gilt insbesondere für Vervielfältigungen, Übersetzungen, Mikroverfilmungen und die Einspeicherung und Verarbeitung in elektronischen Systemen.

Die Wiedergabe von Gebrauchsnamen, Handelsnamen, Warenbezeichnungen usw. in diesem Werk berechtigt auch ohne besondere Kennzeichnung nicht zu der Annahme, dass solche Namen im Sinne der Warenzeichen- und Markenschutz-Gesetzgebung als frei zu betrachten wären und daher von jedermann benutzt werden dürften.

Umschlaggestaltung: KünkelLopka Medienentwicklung, Heidelberg
Druck und buchbinderische Verarbeitung: Krips b.v., Meppel
Gedruckt auf säurefreiem und chlorfrei gebleichtem Papier
Printed in the Netherlands

ISBN 978-3-531-15241-7

Danksagung

Herzlich danke ich Cornelius Torp für seinen profunden geschichtswissenschaftlichen und redaktionellen Beistand, Petra Kaps für ihre immer bereitwillig zur Verfügung gestellte arbeitsmarktpolitische Expertise, Karsten Greye, Christoph Renftle, Sebastian Gampe und Norman Bettermann für zuverlässige Recherchen und technische Hilfen sowie Udo Borchert für eine erste kritische Durchsicht des Textes.

Inhalt

Einleitung 9

1 **Acht Gründe, sich mit dem Sozialstaat zu beschäftigen** 16

1.1 Wider sozialpolitischen Populismus 17
1.2 Die gegenwärtigen Krisen des deutschen Sozialstaates 19
1.2.1 Strukturkrise 19
1.2.2 Finanzkrise 26
1.2.3 Legitimationskrise 30
1.3 Finanzieller Umfang des Sozialstaates 31
1.4 Der Sozialstaat ist für alle da 33
1.5 Sozialpolitik als Querschnittsbereich und -politik 35
1.6 Sozialstaat und Rechtsstaat 36
1.7 Sozialstaat und sozialer Frieden 39
1.8 Soziale Gerechtigkeit und transnationale Solidarität 41

2 **Gerechtigkeit und Sozialstaat** 43

2.1 Distributive Gerechtigkeit 45
2.2 Gerechtigkeit durch den Sozialstaat 49
2.2.1 John Rawls: Theorie der Gerechtigkeit 49
2.2.2 Ernst Tugendhat: Gerechtigkeit als Konkretisierung der Menschenrechte 54
2.2.3 Wolfgang Kersting: Legitimierung des Sozialstaates im Rahmen des Grundgesetzes 55
2.2.4 Zusammenfassung 59
2.3 Gerechtigkeitskritcrien sozialstaatlicher Politik 60

3	**Armut und Soziale Frage**	**65**
3.1	Definitionen von Armut	68
3.2	Armutsbekämpfung und Armenbeherrschung	73
3.3	Jahrhundert des Wandels	82
3.4	Die soziale Frage des 19. Jahrhunderts	89
4	**Die Etablierung des deutschen Sozialstaates**	**95**
4.1	Die Erfindung von Sozialpolitik	96
4.2	Historische Grundstrukturen und wichtigste Aufgabenfelder des deutschen Sozialstaates	99
4.3	Konflikt- und Entwicklungslinien	103
5	**Die Gegenwart des Sozialstaates**	**110**
5.1	Arbeit und Beschäftigung	112
5.2	Sozialhilfe	118
5.3	Altersversorgung	120
5.4	Gesundheit und Pflege	124
5.5	Jugendhilfe	129
5.6	Familie und Frauen	132
6	**Herausforderungen des Sozialstaates**	**134**
6.1	Die Neue Soziale Frage	134
6.2	Abbau oder Umbau des Sozialstaates?	140

Soziale Frage und Sozialpolitik: Lektüreempfehlungen   144

Literatur   147

Einleitung

Jede menschliche Gesellschaft ist gezwungen, einen Umgang mit der Tatsache zu finden, dass Vermögen und Geschick, materielle Reichtümer und Glück sich ungleich auf ihre Mitglieder verteilen. Sie ist aber frei, unter den vielen Möglichkeiten zu wählen, die sich zwischen den Extremen – dem einzelnen die ganze oder nur wenig Verantwortung für sein Leben aufzubürden – bieten. Diese Wahl ist folgenreich: Ob einer Gesellschaft Ungleichheit gleichgültig ist oder nicht, wird als Grundriss ihre gesamte Architektur beherrschen.

In der Regel haben sich menschliche Verbände aller Art dafür entschieden, den Dingen nicht einfach freien Lauf zu lassen. Urgesellschaften hatten oft komplexe Systeme, Reichtum und Armut kollektiv zu teilen, Schwächen und Stärken der einzelnen Mitglieder zu integrieren. Alle Religionen kennen Formen der Nächstenliebe, Barmherzigkeit oder Verantwortung füreinander. Lange vor den ersten Anfängen des modernen Sozialstaates versuchten Gemeinden, ihre Mitglieder gegen die Wechselfälle des Lebens abzusichern. Bis heute gilt die Familie als Solidarverband. Nachbarschaftshilfe, das Stiftungswesen, karitative Einrichtungen, freiwillige Feuerwehren und Ehrenämter in vielen Bereichen des gesellschaftlichen Lebens zeugen von der verbreiteten Überzeugung, dass nicht jeder seines Glückes alleiniger Schmied ist.

Es wäre jedoch trügerisch, aus den zahllosen Beispielen der Verantwortung füreinander zu schließen, dass praktische Solidarität selbstverständlich ist. Formen und Umfang der Verpflichtung zu gesellschaftlicher Hilfe sowie die Berechtigung, diese in Anspruch zu nehmen, sind allenthalben umkämpft. Der Streit um das Maß notwendiger Solidarität macht sich insbesondere dann bemerkbar, wenn die zur Verfügung stehenden Mittel knapp scheinen. So stehen auch bei der weitreichenden Debatte über die Zukunft des Sozialstaates, die in den letzten Jahren in Deutschland begonnen wurde, Finanzierungsprobleme im Vordergrund. Die herausragende Bedeutung monetärer Aspekte in der Debatte erhellt, dass Sozialpolitik zu einem großen Teil Umverteilungspolitik ist.

Zweifelsohne ist die finanzielle Deckung künftiger Sozialpolitik neu zu bedenken. Der Schluss allerdings, dass finanzielle Probleme mit einer Leistungseinschränkung gelöst werden *müssen*, entbehrt der oft behaupteten Plausibilität. Denn diese Position schließt die materiale Seite der Sozialpolitik mit ihrer ideellen kurz, indem sie Finanzfragen (die eine Leistungseinschränkung nahe legen können) mit Gerechtigkeitsfragen (die unter Umständen nur durch die Aufrechterhaltung oder gar Erweiterung sozialstaatlicher Leistungen beantwortet werden können) in eins setzt. So richtig es einerseits ist, dass der Umfang sozialstaatlicher Leistungen von verfügbaren Ressourcen abhängig ist, so richtig ist es andererseits auch, dass es eine gesellschaftliche und politische Entscheidung ist, welcher Anteil der persönlichen und gesellschaftlichen Reichtümer sozialpolitischer Umverteilung unterworfen wird und wer von diesem Anteil besonders profitieren soll. Sozialpolitik ist daher mit Gerechtigkeitsvorstellungen ebenso untrennbar verbunden, wie sie von finanziellen Ressourcen abhängig ist.

Gerechtigkeitsvorstellungen entstammen dem Bereich der Normen und Werte, dem also, was letztlich jeder einzelne für richtig oder falsch hält. Für bestimmte Überzeugungen kann man zwar kämpfen, doch lassen sie sich anderen nicht aufzwingen. Um die jeweilige Form von Sozialpolitik wird folglich an einem Kreuzungspunkt zwischen normativen Vorstellungen von Gerechtigkeit und den materiellen Ressourcen zu deren Verwirklichung immer neu gerungen werden müssen: Keine der beiden Seiten kann von vorneherein für sich beanspruchen, Maß aller Dinge zu sein, keine der beiden Seiten steht einfach fest. Der Anspruch an verantwortungsvolle Sozialpolitik ist, beide in ein Lot zu bringen.

Für eine Neuorientierung der Sozialpolitik bedeutet dies, dass auf der materiellen Ebene neue Lösungen gefunden werden müssen, diese aber gleichzeitig auch gerecht scheinen müssen, um die in einem demokratischen Staat erforderliche Zustimmung finden zu können. Neben dem umfassenden Handwerk, finanziell tragfähige Lösungen auf den Weg des Rechts zu bringen, muss daher auch die Kunst beherrscht werden, Zustimmung für die Vorschläge zu erzeugen.

Die Bundesrepublik war lange Zeit ein Musterbeispiel für eine glückliche Verbindung von sozialpolitischem Handwerk und sozialpolitischer Kunst. In den ersten Jahrzehnten nach dem Zweiten Weltkrieg wuchsen Wirtschaft und Sozialstaat und mit ihnen auch die gesellschaftlichen Ansprüche auf ein gutes Leben aller. Das als „Wirtschaftswunder" gefeierte Wachstum und eine ausgeprägte Bereitschaft zur Umverteilung boten die Möglichkeit, diese Ansprüche weitgehend zu befriedigen. In der Blüte der „sozialen Marktwirtschaft" schienen marktorientierter Wettbewerb und sozialpolitische Eingriffe dauerhaft miteinander versöhnt. Gleichzeitige Änderungen der Wirtschafts- und der Bevölkerungsstruktur machen spätestens seit Mitte der neunziger Jahre diese Illusion zunichte: Der global entfesselte Kapitalismus sowie die hiermit verbundenen Diskurse liefern weltweit politischen Akteuren teils Grund, teils Anlass, der Marktlogik Priorität zuzuweisen. Die deutsche Sozialpolitik gerät zudem unter den Druck wachsender Staatsschulden, wirtschaftlicher Rezessionstendenzen und erst unvorhergesehener, dann lange unterschätzter Kosten der deutschen Wiedervereinigung. In sozialer Hinsicht wirkt krisenverschärfend, dass einerseits der Anteil versorgungsbedürftiger Rentner zunimmt, während andererseits die Zahl der Erwerbslosen nicht geringer wird. Ökonomisch wirkt sich dieser Mix verschiedener Änderungen für den Sozialstaat in Form sinkender Einnahmen und wachsender Ausgaben aus. Weil der Sozialstaat in den Ruf der Unbezahlbarkeit geraten ist, werden die bisherigen Leistungssysteme einer kritischen Durchsicht unterzogen. Die Knappheit der Ressourcen entfacht neue Umverteilungskämpfe, die von einem hitzigen Streit um das, was gerecht scheint, begleitet werden. In der Frage einer neuen Umverteilung und bei der Suche nach Zustimmung für Rechtfertigungsgründe hierfür zeigt sich Sozialpolitik als Politik, die nach bestimmten Gesichtspunkten der Gerechtigkeit in die antagonistische Gesellschaftsstruktur eingreift. Sozialpolitik kann nicht „neutral" sein, sie muss Partei ergreifen. Für wen, wie weit und zu wessen Lasten diese Parteinahme gehen soll, wird künftig wohl umstrittener sein, als die Bundesrepublik es in den langen Jahren des Wirtschaftswachstums erlebt hat.

In Politik und Öffentlichkeit hat sich mithin die Überzeugung durchgesetzt, dass ein anderer als der bisherige Umgang mit der Tatsache gefunden werden muss, dass Vermögen und Geschick, materieller Reichtum und Glück ungleich verteilt sind. Ein neuer Grundriss wird gesucht. Wohlverstandenes Eigeninteresse, gesellschaftliche Verantwortung und die demokratische Verpflichtung eines jeden, seine Teilhabemöglichkeiten zu nutzen, verbieten es, die künftige Architektur des Sozialstaates allein den Experten zu überlassen. Mitsprache aber setzt Kompetenz voraus, in diesem Falle: die Fähigkeit, die Krise des deutschen Sozialstaates vor dem Hintergrund seiner Traditionen, Leistungen und Errungenschaften zu verstehen, um die Umbauvorschläge begründet und sachlich wie menschlich ausgewogen beurteilen zu können. Zu dieser Kompetenz beizutragen ist das Ziel des vorliegenden Buches. In sechs Kapiteln wird versucht, diesem Anliegen Rechnung zu tragen.

Das erste Kapitel nennt in Ergänzung zur Einleitung acht Gründe, sich mit dem Sozialstaat und der Sozialen Frage auseinander zu setzen. Zugleich führt das Kapitel in das Feld der Sozialpolitik ein, indem es Grundbausteine des deutschen Sozialsystems und aktuelle Kontroversen aufzeigt. Die Komplexität sozialpolitischer Wirkungszusammenhänge wird damit offenkundig gemacht und so auch davor gewarnt, einfachen Parolen für eine Reform des Sozialstaates ungeprüft Glauben zu schenken.

Das zweite Kapitel ist der Gerechtigkeit im Sozialstaat gewidmet. Kernproblem der Gerechtigkeitsdiskussion ist, dass es dem Sozialstaat anders als dem Rechtsstaat an einer verbindlichen, von allen geteilten Grundlegung fehlt: Dass ein Staat ein Rechtsstaat sein sollte, lässt sich unter Verweis auf Freiheit vor Willkür, Sicherheit, Ordnung und den Anspruch auf Gleichbehandlung stichhaltig begründen. Im Bereich des Sozialstaates aber ist gleiches nicht zu finden. Vielmehr beherrschen widerstreitende Wert- und Staatsauffassungen auch die jeweiligen sozialpolitischen Haltungen und verknüpfen jegliche Sozialpolitik mit der ihr zu Grunde liegenden Gerechtigkeitsvorstellung. Die Frage, welche Gerechtigkeit der Sozialstaat herbeiführen kann und soll, ist eine der gesellschaftlichen Auseinandersetzung und bestimmt alle Positionen zum Sozialstaat zumindest implizit mit.

Das dritte und vierte Kapitel sind der Geschichte und den Definitionen von Armut und sozialer Frage (Kapitel 3) sowie den Anfängen des deutschen Sozialstaates (Kapitel 4) gewidmet. Im historischen Rückblick auf die Frühe Neuzeit wird deutlich, dass zwar Armut die europäischen Gesellschaften ständig begleitete, jedoch die Gründe für Armut und die Sichtweisen auf und politischen Verarbeitungen von Armut politischen Entscheidungen unterliegen. So wird auch verständlich, dass der deutsche Sozialstaat sich als Reaktion auf eine bestimmte Lesart der sozialen Probleme des 19. Jahrhunderts verstehen lässt, die gemeinhin unter dem Begriff „soziale Frage" zusammengefasst werden. Der geschichtliche Hintergrund der Sozialstaatsentstehung kann zudem Eigenheiten des deutschen sozialpolitischen Arrangements erklären helfen.

Das fünfte Kapitel schlägt den Bogen zurück in die Gegenwart: Geordnet nach den wichtigsten Aufgabenfeldern werden Grundstrukturen aktueller Sozialpolitik dargestellt. Angesichts der dynamischen Veränderungen in diesem Feld kann es dabei nur um jene Grundzüge gehen, die eine Basis für das Verständnis der täglich neu veröffentlichten Beiträge zur Reform des Sozialstaates sind. Mit der Vermittlung der Kenntnisse über Probleme und Lösungsansätze sollen Leser in den Stand versetzt werden, die aktuellen Reformpläne kompetent zu beurteilen.

Das abschließende sechste Kapitel resümiert den Diskussionsstand und skizziert im Ausblick die neuen Bedingungen künftiger Sozialpolitik.

Drei abschließende Bemerkungen sind anzufügen:
1. Die Begriffe „Sozialstaat" und „Sozialpolitik" entstammen nicht nur der deutschen Diskussion, sie sind auch weitgehend auf diese beschränkt geblieben. In der angelsächsischen Diskussion wird stattdessen vom „welfare state" gesprochen, womit im Gegensatz zum deutschen Begriff stärker auf die „Gesamtheit der Wohlfahrtseinrichtungen", nicht nur auf „ein Element der verfassungsmäßigen Bestimmung des *Staates"* (Kaufmann 2003b: 34; Herv. i. Orig.) Bezug genommen wird. Der deutsche Begriff des „Wohlfahrtsstaates" greift zwar den englischen Ausdruck auf, doch entspricht er ihm nur teilweise. Historisch wurde der Begriff des Wohlfahrtsstaates in

Deutschland mit einer (zu) umfassenden Fürsorge assoziiert. Als Kampfbegriff richtete er sich gegen eine staatliche Intervention in die Privat- und Wirtschaftsverhältnisse bzw. gegen den als „Staatssozialismus" denunzierten Weimarer Sozialstaat. In der aktuellen Diskussion ist dieser polemische Gehalt weitgehend abgeschliffen und oftmals werden Sozial- und Wohlfahrtsstaat synonym verwendet. Jedoch bleibt der Begriff des Wohlfahrtsstaates – zumindest aus historischer Sicht – „vieldeutig und schillernd" (Ritter 1991: 9). Im Folgenden wird daher am Begriff des Sozialstaates festgehalten, ohne dabei zu vernachlässigen, dass auch in Deutschland der Sozialstaat nicht auf die staatliche Sphäre beschränkt bleibt, sondern vielmehr auf eine Vielzahl selbständiger Körperschaften öffentlichen Rechts, Kommunen, freie und private Träger bei der Erfüllung seiner umfangreichen Aufgaben zurückgreift.

2. Sozialpolitik ist ein hochgradig dynamisches Politikfeld. Dies spiegelt sich auch in einer unerschöpflichen und im Detail schnell veraltenden Literaturlage wider. Der Anspruch, das Thema gänzlich *und* gründlich zu bearbeiten, ist auf knappem Raum nicht einlösbar. Die hier vorliegende Darstellung reagiert auf diesen Zielkonflikt in zweifacher Weise: Zum einen werden einige zentrale Problembereiche punktuell vertiefter als in sonstigen Einführungen üblich dargestellt (vgl. insbesondere Kapitel 2 und 3), während generell gut dokumentierte Bereiche – etwa die Bismarcksche Sozialgesetzgebung – nur in Kürze wiedergegeben werden. Zum anderen wird einer analytisch-strukturellen Perspektive der Vorzug vor einer chronologisch-detaillierten Darstellung gegeben. Diese Entscheidung folgt der Überlegung, dass es leichter ist, einen Strukturvorschlag nachträglich mit weiteren Fakten anzureichern, als eine Fülle von Details in eine Struktur zu bringen.

3. Eine substanzielle Berücksichtigung der vergleichenden Wohlfahrtsstaatforschung ist im Rahmen dieser Einführung nicht möglich. Von wenigen Ausnahmen abgesehen beschränkt sich der Band daher auf die deutsche Diskussion. Diese Entscheidung ist ein Tribut an die genannten Darstellungsgrenzen und entspringt keiner wissenschaftlichen Geringschätzung der erheblichen Erkenntnisgewinne, die die

vergleichende Forschung hervorbringt (vgl. z. B. Esping-Andersen 1991, 2002; Döring 2002; Kaufmann 2003b).

1 Acht Gründe, sich mit dem Sozialstaat zu beschäftigen

„Interesse" geht in seiner Wortbedeutung auf eine Wortzusammensetzung des lateinischen „inter" (zwischen) und „esse" (sein) zurück. Interesse zu haben ist in diesem einfachen Sinne: teilhaben, dabei sein. Warum sollten wir – und wie können wir – als Laien, als Bürger, als Wissenschaftler an der Diskussion über den Sozialstaat „teilhaben"?

Eine wichtige Antwort kann von der Umweltbewegung übernommen werden, die schon in den achtziger Jahren versuchte, eine breite Öffentlichkeit mit der Behauptung zu mobilisieren: Umweltschutz geht alle an! Mit Recht kann diese These auch für den Sozialstaat aufgestellt werden. Acht Gründe, warum der Sozialstaat alle angeht, sind Gegenstand dieses Kapitels:

⇨ Erstens hat soziale Gerechtigkeit einen hohen Stellenwert in der Bevölkerung und stellt Politiker wie Bürger vor die Pflicht, sich verantwortlich der Umsetzung dieser Aufgabe zu stellen.
⇨ Zweitens fordert die gegenwärtige Krise des Sozialstaats neue Konzepte, deren Ergebnisse alle spüren werden.
⇨ Drittens ist der Finanzhaushalt des Sozialstaates das bei weitem größte Budget innerhalb aller Staatsausgaben.
⇨ Viertens hängt von sozialstaatlichen Leistungen im engeren Sinne fast ein Drittel der Bevölkerung existenziell ab, und so gut wie alle erhalten Leistungen des Sozialstaates im weiteren Sinne.
⇨ Sozialpolitik schafft, fünftens, Grundlagen und Voraussetzungen für andere Politikfelder – insbesondere die Wirtschafts-, die Arbeitsmarkt- sowie die Bildungspolitik.
⇨ Zu würdigen ist, sechstens, die grundlegende Bedeutung, die der Sozialstaat für den vor ihm entstandenen, heute aber ohne sozialstaatliche Ergänzung nicht mehr denkbaren Rechtsstaat hat.

⇨ Siebtens wird dem Sozialstaat eine große Kraft bei der Herstellung sozialen Friedens zugetraut. Bezieht sich traditionell das Zutrauen in die friedensstiftende Wirkung von Sozialpolitik auf die Auseinandersetzung zwischen den gesellschaftlichen Klassen, hat Sozialpolitik künftig die zusätzliche Aufgabe, die Bruchlinien zwischen Ost- und Westdeutschland nicht zu vertiefen.
⇨ Schließlich ist es, achtens, notwendig, sich über die normativen Grundlagen sozialpolitischen Handelns Rechenschaft abzulegen.

1.1 Wider sozialpolitischen Populismus

Meinungsumfragen zeigen, dass soziale Sicherheit und die Verwirklichung sozialer Grundrechte einen sehr hohen Stellenwert in Deutschland genießen. 26 Prozent der Deutschen halten demnach die Freiheit von sozialer Not, Armut, Obdachlosigkeit und Arbeitslosigkeit für den eigentlichen Gehalt von Freiheit (Institut für Demoskopie Allensbach 2004: Tabelle A 4). Vor die Alternative von Freiheit und Gleichheit gestellt, schätzen 40 Prozent der Deutschen insgesamt und 51 Prozent der Ostdeutschen Gleichheit und soziale Gerechtigkeit höher als Freiheit (Institut für Demoskopie Allensbach 2004: Tabelle A 19; vgl. auch Wassermann 1998). In einer im Rahmen des Sozio-ökonomischen Panels (SOEP) durchgeführten Sonderumfrage stimmten 53 Prozent der Befragten „voll" und weitere 30 Prozent „eher" der Ansicht zu, der Staat solle für alle einen Mindestlebensstandard garantieren (Berger 2005: 7).

Sozialpolitik ist aber Umverteilungspolitik. Werden Beitragssätze verändert, bestimmte sozialpolitische Leistungen neu eingeführt, erhöht oder gestrichen oder wird der Kreis der Leistungsempfänger einer sozialpolitischen Maßnahme verändert, so wirkt sich das unmittelbar auf die persönlichen Verhältnisse der Einzelnen aus. In den meisten Fällen sind diese Änderungen konkret quantifizierbar: Sozialpolitische Änderungen schlagen sich, sofern sie als direkte Geldleistungen bezahlt werden, in höheren oder niedrigeren Haushaltseinkommen nieder. Der „Erfolg" oder „Misserfolg" von Sozialpolitik ist somit aus Sicht der Individuen am eigenen Konto abzulesen.

Die generelle Wertschätzung für soziale Gerechtigkeit einerseits und die unmittelbar erfahrbaren Wirkungen sozialpolitischer Maßnahmen andererseits erzeugen ein für populistische Versprechungen „gerechter" wie Brandmarkungen „ungerechter" Sozialpolitik anfälliges politisches Klima. Mag Geben auch seliger als Nehmen sein, werden im Sozialstaat Verluste doch erbittert als Politikdefizite verurteilt. Das Gefühl, „zu viel" geben zu müssen und „zu wenig" zu bekommen, schürt gerade in wirtschaftlichen Krisenzeiten die Angst, übervorteilt zu werden. Auch die Versuchung, sich über sozialpolitische Geschenke (oder solche Versprechungen) Wählervorteile zu schaffen, liegt nahe. „In der Bundesrepublik Deutschland wurde immer versucht, die Sozialpolitik als politische Strategie zum Erwerb und zum Erhalt politischer Macht einzusetzen." (Becker 1994: 13)[1] Zudem wirken populistische Medienberichte auf das Meinungsklima ein: Die Stilisierung von Einzelfällen als Beispiele vermeintlicher Grunddefizite des Sozialstaates, die reißerische Inszenierung von Beispielen des Missbrauchs sozialstaatlicher Leistungen oder umgekehrt dramatischer Fälle sozialstaatlicher Vernachlässigung scheinen sozialpolitische Fehlentscheidungen plastisch vor Augen zu führen. Weitergehende Expertise, so scheint es, ist zur Beurteilung von Sozialpolitik kaum notwendig – man sieht doch, wohin dieses oder jenes führt.

Allerdings ist weder der eigene Geldbeutel noch der tatsächlich oder scheinbar „ungerechte" Umgang mit Einzelnen oder auch gesellschaftlichen Gruppen eine ausreichende Messlatte für die Beurteilung richtiger oder unrichtiger sozialpolitischer Maßnah-

---

[1] Jedoch, so fügt Becker an, hatte dies nur einmal Erfolg: „Die Einführung der dynamischen Rente ab dem 1. Januar 1957 für Arbeiter und Angestellte brachte in jenem Jahr bei den Wahlen zum Deutschen Bundestag der CDU/CSU-Koalition noch einmal die absolute Mehrheit von 50,2 Prozent der Stimmen." (Becker 1994: 13) Diese Sichtweise beruht allerdings auf einer zu engen Definition von Erfolg, nämlich der des Erringens der absoluten Mehrheit. Erfolgreich sind aber politische Strategien bereits dann, wenn es mit ihnen gelingt, die eigene Wählerbasis zu erhalten oder zu erweitern. So bieten sich sozialpolitische Kritiken und Versprechungen gerade sicheren Oppositionsparteien als wohlfeile Werbestrategie an, weil sie nicht Gefahr laufen, die Regierungsverantwortung inklusive der Verantwortung für die Finanzierung der Wahlversprechen übernehmen zu müssen.

men. Aufgabe des Sozialstaates ist es, die *Gesamtheit* seiner Bürgerinnen und Bürger gegen Risiken abzusichern. In einer pluralistischen Gesellschaft mit begrenzten finanziellen Ressourcen kann dies nur in Abwägung unterschiedlicher Interessen geschehen. Für eine verantwortungsvolle Mitsprache in diesem Feld stellen sachliche Informationen und eine die Gesamtheit reflektierende und berücksichtigende Gerechtigkeitsvorstellung unabdingbare Voraussetzungen dar. Eine kompetente Beurteilung sozialpolitischer Handlungsspielräume und Reformen bedarf daher neben dem schlichten Wissen über das sozialstaatliche Prozedere auch der Kenntnisse über historische Hintergründe, finanzielle Ressourcen sowie sozialpolitische Interdependenzen und einer begründeten Vorstellung davon, welcher Gerechtigkeit durch Sozialpolitik genüge geleistet werden soll. Insbesondere gilt dies in sozialstaatlichen Krisenzeiten.

1.2 Die gegenwärtigen Krisen des deutschen Sozialstaates

Die aktuelle Debatte über die Sozialstaatskrise ist so raumgreifend und drängend, weil es sich hierbei nicht um eine einfache Krise, sondern um eine Kopplung verschiedener Krisenmomente handelt. Diese wirken in der Praxis aufeinander ein und verstärken sich. Analytisch können eine Struktur-, eine Finanz- und eine Legitimationskrise voneinander unterschieden werden.

1.2.1 *Strukturkrise*
Von einer Strukturkrise wird generell dann gesprochen, wenn ein Problem nicht nur aktuell begründet ist (z.B. in einer vorübergehenden Wirtschaftsflaute), sondern eine Problemlösung eine Veränderung der Systemgrundlagen erfordert. Unter den Problemen, die eine Strukturveränderung des Sozialstaates erfordern, sind drei hervorragend zu nennen: Erstens bietet die Arbeitnehmerzentrierung innerhalb der deutschen Sozialpolitik keinen ausreichenden Schutz für eine Gesellschaft, der „die Arbeit ausgeht", zweitens muss die an Generationen orientierte Versicherungsstruktur neu auf den demographischen Wandel eingestellt werden und drittens

ist auch die am Nationalstaat ausgerichtete Form staatlicher Solidarität für den Bedarf eines integrierten Europas sowie einer wachsenden Globalität nicht mehr ausreichend gewappnet.

Zu erstens: Der Begriff der *Arbeitnehmerzentrierung* verweist auf die zentrale Bedeutung der Arbeitnehmereigenschaft für die Teilhabe am deutschen Sozialsystem. Menschen werden nicht in erster Linie in ihrer Eigenschaft als Bürger, sondern als Erwerbstätige versichert. Historisch ist diese Ausrichtung in den Anfängen der deutschen Sozialversicherung begründet, die die Arbeiterklasse vor den negativen Folgen der Industrialisierung schützen sollte – und den Staat vor den politischen Folgen einer Verelendung der Arbeiterklasse. Faktisch zeigt sich die Arbeitnehmerzentrierung bis heute darin, dass die Gesamtheit der erfassten staatlichen Ausgaben für Sozialleistungen, das Sozialbudget, nur zu etwa 40 Prozent steuerfinanziert wird. Die übrigen 60 Prozent werden in gesetzlichen Pflichtversicherungssystemen erbracht, in die Arbeitnehmer und Arbeitgeber je etwa hälftig eingebunden sind. Nicht nur die Beitragszahlung, auch der sozialstaatliche Schutz in Form von Arbeitslosen-, Renten-, Unfall- und auch der Gesundheitsvorsorge ist vorrangig an die Arbeitnehmertätigkeit gekoppelt. Nichterwerbstätige nehmen als mitversicherte Familienmitglieder nur sekundär an den Versorgungssystemen teil bzw. finden lediglich im untersten Netz des Sozialstaates, der Sozialhilfe, eine existenzsichernde Unterstützung.

Es muss unmittelbar einleuchten, dass ein in der Finanzierung und der Schutzfunktion auf den voll erwerbstätigen Arbeitnehmer zielendes Sozialstaatsmodell gleich doppelt in die Krise gerät, wenn die Anzahl der Erwerbstätigen in einer Gesellschaft drastisch sinkt und/oder diese nicht kontinuierlich oder nicht vollzeitig in das Arbeitsleben eingebunden ist. Gleichzeitig zahlen dann weniger Erwerbstätige ein und beanspruchen mehr Nichterwerbstätige Hilfeleistungen. In Zeiten der Not fallen somit sinkende Einnahmen und steigende Ausgaben zusammen. Reformbedarf bezüglich der Arbeitnehmerzentrierung verursacht in dieser Hinsicht vor allem die seit Anfang der siebziger Jahre steigende Sockelarbeitslosigkeit.[2]

Abbildung 1: Arbeitslosenquote 1970-2003

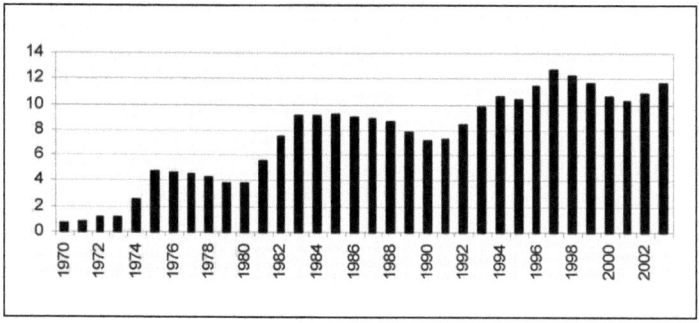

Quelle: Bundesagentur für Arbeit 2006, eigene grafische Darstellung

Die arbeitsmarkt- und sozialpolitischen Versuche, die Tatsache andauernder und massenhafter Erwerbslosigkeit zu verarbeiten, sind Legion. Logisch aber stehen nur drei Möglichkeiten zur Verfügung: Entweder hält man methodisch und politisch am Vollbeschäftigungsziel fest, wenngleich die Trends auf dem Arbeitsmarkt einen hierzu gegenläufigen Anstieg struktureller Erwerbslosigkeit nahe legen. Oder man fordert einen Abschied von der Erwerbszentrierung der Versicherungssysteme, aber auch der individuellen Lebensentwürfe, was eine grundlegende Neubewertung des Stellenwerts von Erwerbsarbeit ebenso wie eine radikale Reform der

---

[2] 1973 lag die Arbeitslosenquote bei 1,2 Prozent; infolge der durch den ersten Ölpreisschock verursachten Rezession stieg die Quote bis 1975 auf 4,7 Prozent an. Erstmalig seit den fünfziger Jahren waren damals mehr als 1 Million Arbeitslose gemeldet. Obwohl in den Folgejahren die Arbeitslosigkeit wieder etwas zurückging, waren auch in den Jahren 1979 und 1980 fast 900.000 Arbeitslose gemeldet und lag die Arbeitslosigkeit bei etwa 3,8 Prozent. Seither, und das bezeichnet der Begriff der „steigenden Sockelarbeitslosigkeit", hat der einer Rezession folgende Aufschwung niemals das Beschäftigungsniveau vor der Rezession wiederhergestellt. Arbeitslosigkeit hat sich damit über die Konjunkturzyklen hinweg immer stärker verfestigt und einen „Sockel" an Arbeitslosen immer weiter wachsen lassen (vgl. zu den Zahlen Bundesministerium für Gesundheit und soziale Sicherung 2004: Tabelle 2.10; Hinrichs/Giebel-Felten 2002).

Sozialversicherung erfordern würde. Oder aber man nimmt eine dauerhafte Teilung der Gesellschaft in Arbeitsplatzbesitzer und Arbeitsplatznichtbesitzer in Kauf mit der Folge einer wachsenden Kluft zwischen Mehrheits- und Minderheitsklasse und einer damit steigenden Gefahr gesellschaftlicher Anomie (vgl. hierzu kritisch Dahrendorf 1994: 235 ff.).

Zu zweitens: Sinkende Geburtenraten und eine steigende Lebenserwartung – das so genannte „double aging" – verändern das Verhältnis zwischen den einzelnen Altersgruppen der Bevölkerung. In Deutschland wurden im Jahr 1950 noch 16,3 Kinder pro 1.000 Einwohner geboren, im Jahr 2003 nur noch 8,6. Gleichzeitig stieg der Anteil derjenigen, die 60 und älter sind, von 15,6 Prozent im Jahr 1955 auf 24,6 Prozent im Jahr 2003 an (Statistisches Bundesamt 2005: 42 und 50). Dieser demographische Wandel begleitet und verschärft das beschriebene Problem der Erwerbslosigkeit. „Langfristig führen solche Veränderungen u. a. zu einer Verschiebung der Relationen zwischen den Bevölkerungsgruppen im Kindes- bzw. Jugendalter, im erwerbsfähigen Alter und im Rentenalter. Gleichzeitig ändern sich damit auch die Quoten zwischen dem Teil der Bevölkerung, der sich aktiv am Erwerbsleben beteiligt, und dem Teil, der von den Erwerbstätigen unterhalten werden muss." (Statistisches Bundesamt 2002: 34) Auskunft über den Wandel dieses Verhältnisses gibt der so genannte „Altenquotient"[3]. Er misst das Verhältnis zwischen der potentiellen Erwerbsbevölkerung und der nicht mehr erwerbstätigen Bevölkerung als Anteil an Rentnern pro 100 Erwerbspersonen.[4] Der Altenquotient der Bundesrepublik zeigt, dass 1995 etwa 36 Rentner von 100 Erwerbspersonen versorgt wurden. Prognosen auf der Grundlage einer mittleren Wanderungs- und Lebenserwartungsannahme besagen, dass das Verhältnis bis zum Jahr 2010 auf 46,0 und bis

---

[3] Manche Autoren sprechen auch vom „Altersquotient", womit dasselbe gemeint wird.

[4] In dieses Verhältnis gehen zwei Bestandteile ein: das faktische Verhältnis der verschiedenen Altersgruppen und die politisch bestimmte Altersgrenze zwischen Erwerbsbevölkerung und Rentnern. Die Bestrebungen, das Rentenalter (wieder) anzuheben, haben in dieser Entwicklung des Altersquotienten ihren triftigen Grund, auch wenn dies auf der anderen Seite das Problem struktureller Arbeitslosigkeit eher verschärft. Hier besteht ein Zielkonflikt, der aus den jeweiligen Finanzierungsnöten der verschiedenen Versicherungssysteme resultiert.

2050 auf 77,8 – nach anderen Schätzungen gar mehr als 100 Rentner – pro 100 Erwerbspersonen ansteigen wird, wenn man die Altersgrenze zwischen Erwerbsbevölkerung und Rentnern bei 60 Jahren ansetzt. Eine deutliche Senkung des Altenquotienten lässt sich erzielen, wenn man den Eintritt ins Rentenalter nach hinten verschiebt. So liegt bei einer Anhebung der Lebensarbeitszeit auf 67 Jahre der berechnete Altenquotient für 2050 nur noch bei 47,4 statt bei 77,8 (Statistisches Bundesamt 2003: 32). In dem Fall hätten 100 Erwerbspersonen 20 Rentner weniger zu versorgen, was sich sowohl positiv auf die Beitragssätze zur Rentenversicherung als auch auf das Rentenniveau auswirken kann.[5] Die inzwischen trotz anhaltender Arbeitslosigkeit beschlossene, schrittweise Anhebung der Lebensarbeitszeit auf 67 Jahre hat in diesen Berechnungen ihren Hintergrund.

Änderungen der Rentenfinanzierung sind auch dadurch angezeigt, dass die deutsche Gesetzliche Rentenversicherung (GRV) zur Finanzierung der Renten ein Umlageverfahren praktiziert, bei dem die jeweils erwerbstätige Bevölkerung mit ihren Beiträgen die Renten der jeweils gegenwärtigen Rentnergeneration finanziert. Zwar ist die GRV nur eine von drei Säulen der Rentenversicherung, neben der auch die Betriebliche Altersversorgung (BAV) und die Individuelle Vorsorge (IV) stehen, doch ist in der Bundesrepublik im internationalen Vergleich die GRV die am stärksten belastete Säule der Altersversicherung: Aus ihr beziehen Rentner etwa 80 Prozent ihrer Rentenbezüge insgesamt (BMAS 2005a: 90).[6]

---

[5] Allerdings argumentiert eine neue Studie des Nürnberger Instituts für Arbeitsmarkt- und Berufsforschung der Bundesagentur, dass Arbeitnehmer zwischen 50 und 65 Jahren eine hohe Arbeitslosigkeitsquote (18,1 Prozent im Juni 2005) und eine gleichzeitige niedrige Beschäftigungsquote (37,3 Prozent) aufweisen; aufgrund der prekären Gesundheitslage vieler älterer Arbeitnehmer und bei anhaltend schlechten Bedingungen auf dem Arbeitsmarkt werde daher die gewünschte Entlastung der Rentenversicherung zu Lasten der Arbeitslosenversicherung gehen (IAB 2006).

[6] „Hinter diesen Gesamtwerten für Deutschland verbergen sich jedoch unterschiedliche Situationen in den alten und neuen Ländern. In den neuen Ländern dominiert die gesetzliche Rentenversicherung die Alterssicherung weit stärker als im alten Bundesgebiet: Nahezu alle 65-Jährigen und Älteren in den neuen Ländern beziehen eine Rente der GRV, der Anteil der GRV-Alterssicherungsleistungen am Leistungsvolumen insgesamt liegt dort bei 99 %." (BMAS 2005a: 90) Deutschland steht

Um ein konstantes Nettorentenniveau von 68,5% angesichts dieser demographischen Entwicklung halten zu können, müssten die aktuellen Beitragssätze zur Rentenversicherung von 19,5 Prozent auf über 30 Prozent im Jahr 2050 ansteigen. Da eine solche Anhebung weder ökonomisch zumutbar noch politisch durchsetzbar scheint, gewinnt das andere Grundmodell der Rentenversorgung an Attraktivität, das auf die Eigenkapitalbildung einer Generation setzt, die während ihrer Erwerbsphase spart, was sie nach ihrem Erwerbsleben in Form von Renten ausgeben möchte. Gerade in der Rentendiskussion aber zeigt sich, dass Systemumstellungen gravierende Gerechtigkeitslücken vermeiden müssen. So kann denjenigen, die heute die gegenwärtigen Renten durch ihre Beiträge finanzieren, gerechterweise kaum zugemutet werden, gleichzeitig eine vollständig individuelle Kapitalbildung für die eigene Rente zu betreiben. Reformbestrebungen setzen daher auf eine freiwillige Eigenkapitalbildung, z. B. durch die staatlich geförderte, individuelle Vorsorge („Riester-Rente"), mit der das langfristige Absenken des gesetzlichen Rentenniveaus kompensiert werden soll. Wieweit dies gelingen wird, muss die Zukunft zeigen.

Zu drittens: Nicht weniger anspruchsvoll als die bereits genannten Probleme ist die Frage, wie ein nationales Solidaritätsmodell auf die Tatsache der Europäisierung und der Globalisierung und damit auch eine weltweite Mobilität ein- und umgestellt werden kann. Für die Europäische Union stellt sich hierbei vorrangig die Frage, welche Gestalt das der wirtschaftlichen Integration seit ehedem hinterherhinkende „Soziale Europa" annehmen wird, denn „Europa wächst wirtschaftlich und politisch mit einer atemberaubenden Dynamik zusammen, ohne dass eine klare Vision über die soziale Fundierung dieses Integrationsprozesses bestünde." (Kaelble/Schmid 2004: 11 f.) Die im Zuge der Osterweiterung noch zunehmende Diskrepanz der Mitgliedsländer hinsichtlich ihrer Finanz- und Wirtschaftskraft erhöht die Chancen auf eine Anglei-

---

in dieser Hinsicht im Gegensatz zu den Niederlanden, der Schweiz und Frankreich, wo zwischen 90 und 95 Prozent der privatwirtschaftlich Beschäftigten in das System der betrieblichen Altersversorgung einbezogen sind und hierüber mindestens 20 Prozent ihrer Bezüge im Alter decken, dagegen waren es 2001 in Deutschland nur 5 Prozent, die einen Anteil von etwa 5 Prozent ihrer Altersversorgung über die betrieblichen Leistungssysteme bezogen (vgl. Döring 2002: 89).

chung europäischer Sozialstandards nicht. Unzweifelhaft aber ist, dass eine vergleichbare soziale Absicherung eine Vorbedingung uneingeschränkter Freizügigkeit innerhalb der Union ist und dass eine europäische Staatsbürgerschaft auch mit sozialen Rechten ausgestattet werden muss. Umsetzungsprobleme dieses Gebots ergeben sich angesichts der erheblichen Unterschiede der Partnerländer in wirtschaftlicher Hinsicht sowie aufgrund traditionsabhängig unterschiedlicher sozialpolitischer Grundkonzeptionen (Kern/ Theobald 2004: 293). Weithin offen ist die Antwort auf die Frage, ob die zurzeit praktizierte Offene Methode der Koordinierung (OMK) zu einer Annäherung oder gar Vereinheitlichung von Sozialstandards in der Europäischen Union führen wird. In diesem „weichen" Steuerungsmodus avancieren Rat, Kommission und Ministerräte zu Schlüsselakteuren eines vor allem auf Kommunikation und Interaktion beruhenden „Dritten Weges" der europäischen Koordination zwischen den herkömmlichen Steuerungsformen der Harmonisierung/Empfehlung einerseits und intergouvernementaler Steuerung andererseits (Gerlinger/Urban 2004: 271 ff.). Jenseits der offenen Fragen und zu lösenden Zukunftsprobleme besteht indessen weitgehender Konsens, dass heute der Sozialstaat zwar immer noch national ist, es keinen europäischen Sozialstaat gibt, doch ist „die Herausbildung einer europäischen Sozialstaatlichkeit zu registrieren" (Schulte 2004: 96) ist.

Insgesamt nehmen sich daher die sozialpolitischen Anforderungen infolge der europäischen Integration noch als das kleinere Problem aus, als die Folgen zunehmender Globalisierung offenbaren werden. Denn während der europäische Integrationsprozess immerhin einem regulierten politischen Aushandlungsprozess unterworfen ist, sind dies die unter dem Begriff der Globalisierung zusammengefassten wirtschaftlichen und sozialen Entwicklungen in weit geringerem Maße, besonders nicht auf dem Feld der Sozialpolitik. Eine sozialstaatliche Reaktion auf die Globalisierungsfolgen ist daher im Gegensatz zur EU nicht auf der Ebene institutionell ausgehandelter Anerkennung wechselseitiger Rechte zu erwarten. Gleichwohl bleiben die Bürger reicherer Länder verpflichtet, Solidarität auch gegenüber Bürgern anderer Nationen auszuüben, die Schutz vor Hunger, Verfolgung und auch vor Armut suchen. Moralisch und technisch ist die Frage zu lösen, welches

Anrecht generell Bürger auf Leistungen aus einem Versicherungssystem haben, in das sie nie eingezahlt haben? Diese Frage ist keineswegs neu – aber ihre Bedeutung wird im Zuge globaler Mobilität zunehmen.

Die diversen Elemente der Strukturkrise – die Arbeitnehmerzentrierung, der demographische Wandel und die Internationalisierung der wirtschaftlichen Strukturen – sind jedoch nur der erste Teil des Problems: die Finanzkrise und die Legitimationskrise des Sozialstaates machen den Reformbedarf akut.

1.2.2 Finanzkrise

Die Zeit nach dem Zweiten Weltkrieg war lange von einer kontinuierlichen Steigerung des Umfangs und der Ausgaben des deutschen Sozialstaates gekennzeichnet. Erst vergleichsweise spät, nämlich mit Beginn der neunziger Jahre, fanden die finanziellen Folgen dieser Ausgabendynamik eine breitere Aufmerksamkeit in Wissenschaft und Öffentlichkeit (vgl. als frühe Studie hierzu Becker 1994). Um das Ausmaß dieser finanziellen Probleme einschätzen zu können, ist es sinnvoll, sich die Einnahme- und die Ausgabenseite des Sozialbudgets zunächst getrennt zu vergegenwärtigen.

Die *Einnahmen* des Sozialstaates speisten sich 2003 zu 98,8 Prozent aus zwei Hauptfinanzierungsquellen: den *steuerfinanzierten Zuweisungen* (38,9 Prozent) und den *Sozialbeiträgen* der Versicherten (25,8 Prozent) und Arbeitgebern (34,1 Prozent). Neben diesen beiden Hauptfinanzquellen stellten die sonstigen Einnahmen in Höhe von 1,2 Prozent eine zu vernachlässigende Größe dar (Deutscher Bundestag 2005: 202)

Die Notwendigkeit zur finanziellen Reform des Sozialstaates kann im Hinblick auf die beiden Haupteinnahmequellen je unterschiedlich akzentuiert werden: Der Wunsch, die steuerfinanzierten Zuweisungen zu senken oder wenigstens nicht wachsen zu lassen, entspringt der allgemeinen Staatsverschuldung, die 2005 einen Stand von 1.447,5 Mrd. € insgesamt und damit 17.552 € pro Einwohner[7] bzw. 67,7 Prozent des Bruttoinlandsprodukts erreicht hat (Statistisches Bundesamt 2006). Die Verschuldung der öffentlichen Haushalte führte im Jahr 2000 erstmals dazu, dass die Zinsausgaben in der laufenden Rechnung die Sachausgaben überstiegen (Institut der deutschen Wirtschaft Köln 2002: 70). 14,4 Prozent der Gesamtausgaben des Staates mussten 2005 allein für die Zinsen (nicht für die Tilgung!) der Staatsschulden aufgebracht werden (BMF 2006: 105). Eine Senkung der Staatsschulden ist folglich ein zwingendes Gebot, um (finanz-)politischen Spielraum zurück zu gewinnen und diesen auch langfristig zu wahren. Die im europäischen Stabilitäts- und Wachstumspakt und nach Artikel 99 und 104 des EG-Vertrages vereinbarten Konvergenzkriterien stellen zudem eine – wenn auch immer wieder in Frage gestellte – sanktionsbewehrte Beschränkung der Nettokreditaufnahme und Verpflichtung zum Schuldenabbau und Sparzwang dar, dem auch das stetig teurer gewordene Sozialsystem unterworfen ist.

An der zweiten Einnahmequelle des Sozialstaates, den Sozialbeiträgen, wird seitens der Unternehmer kritisiert, dass sie zu hohe Lohnnebenkosten verursachen, daher die Einstellung von Arbeitnehmern behindern und Schwarzarbeit fördern, die Kaufkraft der Arbeitnehmer beschränken und die Unternehmen im internationalen Standortwettbewerb benachteiligen würden (vgl. z. B. DIHK 2004). Sie heben hervor, dass die Sozialversicherungsbeiträge von 26,5 Prozent im Jahr 1970 auf 41,7 Prozent im Jahr 2004 gestiegen seien und das verarbeitende Gewerbe in Deutschland hinter Norwegen und Dänemark die weltweit dritthöchsten Arbeitskosten habe. Gewerkschaften halten dagegen, dass weder Löhne noch Lohnnebenkosten, sondern die geringe Kaufkraft und damit mangelnde Nachfrage für die schlechte Konjunktur verantwortlich seien. Zudem führe eine Verringerung der Sozialbeiträge nur zu einer Entlastung der Unternehmer, nicht aber der Arbeitnehmer, die entsprechende Deckungslücken selbst tragen müssten (vgl. z. B. ver.di 2004). Beide Positionen machen deutlich, dass spürbare Verbesserungen der Einnahmeseite des Sozialstaates von großem

---

[7] Davon entfallen pro Einwohner 10.582 € auf den Bund, 186 € auf Sondervermögen des Bundes, 5.678 € auf die Länder und 1.190 € auf die Gemeinden (Statistisches Bundesamt 2006).

Konfliktpotential begleitet sind und sowohl im Falle einer Anhebung der Steuerfinanzierung als auch bei einer Steigerung der Sozialbeiträge unerwünschte negative Konsumeffekte erzeugen werden.

Auf der Ausgabenseite sind es vor allem die Renten- und Gesundheitsversorgung, die kritische Entwicklungen aufweisen. Hinsichtlich der Rentenversicherung stellt der bereits genannte Wandel im Verhältnis zwischen Erwerbspersonen und Rentnern die Herausforderung dar, einerseits die Renten zu sichern, andererseits die hierfür notwendigen Beitragssätze nicht (viel) weiter ansteigen zu lassen. Die letzte Bundesregierung schloss hieraus: „Der Beitragssatz in der gesetzlichen Rentenversicherung muss dauerhaft so stabilisiert werden, dass er selbst im Jahr 2030 nicht über 22 % liegt." (BMAS 2001b: 101)

Der zweitgrößte Ausgabenposten innerhalb des Sozialbudgets nach den Renten sind die Kosten für Gesundheit. Im Jahr 2003 betrugen diese 11,3 Prozent des Bruttoinlandsprodukts (BMGS 2005: Tab. 10.3) und machen nun mehr als ein Drittel des gesamten Sozialbudgets aus.[8]

Die systemeigenen Finanzprobleme des Sozialstaates haben sich mit der deutschen Vereinigung als nicht vorhergesehener Herausforderung für die westdeutschen Sozialsysteme zweifelsohne verschärft. Auch in dieser Hinsicht treffen sich wechselseitig verstärkende, unterschiedliche Momente zusammen: Die Vereinigungskosten sind weit höher als ursprünglich angenommen, die erwarteten Erlöse aus dem in das Treuhandvermögen überführten Besitz der DDR zur Deckung dieser Kosten insgesamt niedriger als anfänglich gehofft und die versprochenen „blühenden Landschaften" darben in Arbeitslosigkeit. Folglich war die politisch und sozial alternativlose Übernahme der Bürger der neuen Bundesländer in die Sozialsysteme nur „durch enorme Transferleistungen vom Westen in den Osten möglich, die in den vier Jahren von 1991-1994 sich alleine in diesem Bereich auf etwa 240 Milliarden (DM, P.D.) beliefen. So mußten wegen des geringen Beitragsauf-

---

[8] 1960 lagen die Kosten für den Bereich Gesundheit bei 27,4 Prozent des Sozialbudgets, 1975 bei 29,4 Prozent, 2000 bei 33,0 Prozent und hatten im Jahr 2003 33,8 Prozent aller Sozialausgaben erreicht (BMGS 2004b: 7.2; Deutscher Bundestag 2005: 195).

kommens im Osten zum Beispiel nur zur Sicherung der Zahlungsfähigkeit der Renten- und der Arbeitslosenversicherung 1993 (einschließlich des Bundeszuschusses zur Bundesanstalt für Arbeit) 50 Milliarden transferiert werden. Das entspricht etwa drei Beitragspunkten in der Sozialversicherung. Die Beiträge der Rentenversicherung lägen also weiterhin deutlich unter 20%, die aller Sozialversicherungen unter 40%, wenn es diese gewaltigen Transferleistungen auch innerhalb der Versicherungssysteme nicht gäbe." (Ritter 1998: 128) Aus der Tatsache, dass damit ein beachtlicher Teil der Vereinigungskosten nicht steuerfinanziert, sondern von den Versicherungssystemen getragen wird, schließt Franz-Xaver Kaufmann, dass in „den aktuellen Forderungen nach einem ‚Umbau des Sozialstaates' [...] zunächst der Kampf um die Verteilung der vereinigungsbedingten Lasten zur Geltung [kommt]." (Kaufmann 1997: 16; vgl. auch ders. 2003b: 285) Nur *eine* Dimension dieser Umverteilung ist der notwendige Finanztransfer von West nach Ost: Die Entscheidung, diese Leistungen aus den Versicherungssystemen zu bezahlen, hat zudem zu einer überproportionalen Belastung der Versicherten und Entlastung der Nichtversicherungspflichtigen geführt und damit nicht unerheblich zum beklagten Anstieg der Lohnnebenkosten beigetragen.

Die Finanzierungsprobleme des Sozialstaates haben in den letzten Jahren eine Welle von teilweise hitzigen Debatten und Reformvorschlägen ausgelöst, die sich insbesondere auf den Arbeitsmarkt, die Krankenversicherung und die Renten beziehen. Während einerseits mit Blick auf die bereits genannten Finanzprobleme eine Ausgabenreduktion als unumgänglich bezeichnet wird, wird andererseits an vielen unterbreiteten Vorschlägen kritisiert, dass in ihnen Finanzierungsprobleme lediglich als Anlass zu einem Sozialabbau dienten, der auf dem Rücken der schwächsten Mitglieder ausgetragen werde. Beide Positionen können mit Beispielen und Zahlen umfangreich belegt werden. Der Sprengstoff in der Diskussion ist nicht zu übersehen und zeigt vor allem eines: die Notwendigkeit zu einer differenzierten Auseinandersetzung um die Sozialausgaben und sozialpolitische Gerechtigkeitsvorstellungen auf der Basis einer realistischen Einschätzung der finanziellen Möglichkeiten und jenseits propagandistischer Vereinfachungen.

1.2.3 Legitimationskrise
Struktur- und Finanzprobleme wären wohl leichter zu lösen, wenn nicht als drittes Moment auch eine Legitimationskrise des Sozialstaates zu verzeichnen wäre. „Die Frage gerechter Verteilungskriterien für materiale Güter gehört zu den dunkelsten Zonen des moralischen Bewußtseins; keinerlei geteilte Überzeugungen bieten hier eine gesicherte Wissensbasis." (Kersting 2000: 5) Der Mangel an einer von allen geteilten Überzeugung über die Notwendigkeit und den Umfang des Sozialstaates wird zwangsläufig zu einer offenen Flanke, wenn geltende Arrangements zur Neuverhandlung ausstehen. Denn naturgemäß flammt der Streit um das Recht des Staates, in die privaten Vermögensverhältnisse einzugreifen, immer dann besonders auf, wenn Umverteilungsstrukturen geändert werden. Protest, das zeigen beispielhaft die Debatten über den sozialstaatlichen Reformprozess der Agenda 2010 des früheren Bundeskanzlers Gerhard Schröder (Bundesregierung 2003), ist dabei vor allem von zwei Seiten zu erwarten: seitens derjenigen, die mehr zahlen müssen, und seitens derjenigen, die weniger erhalten. Der Sozialstaat gerät in solchen Situationen in die Zwickmühle, eines gesellschaftlichen Basiskompromisses besonders zu bedürfen, ihn aber angesichts einer verstärkten Artikulation privater Interessen um so schwieriger erreichen zu können.

Neben den aktuellen Umverteilungskämpfen liegt ein zweiter wesentlicher Erklärungsansatz für den Zeitpunkt und die Heftigkeit der gegenwärtigen Sozialstaatsdiskussion in der Diagnose eines „Veralten[s] des wohlfahrtsstaatlichen Arrangements" (Kaufmann 1997: 52; Jessop 1996; Hengsbach 1999).[9] Gemeint ist damit ein ganzes Set an Veränderungen – etwa der Wandel von der Industrie- zur Dienstleistungsgesellschaft, der Wandel von nationalen zu globalen Ökonomien und auch veränderte Geschlechterverhältnisse –, das die spezifischen Bedingungen für den ehemals

---

[9] Unter „wohlfahrtsstaatlichem Arrangement" versteht Kaufmann „die jeweilige Konfiguration zwischen staatlichen, marktlichen, verbandlichen und privaten Formen der Wohlfahrtsproduktion [...], welche in ihrem Zusammenhang als Konsequenz politischer Entscheidungen interpretiert werden. [...] ‚Wohlfahrtsproduktion' bezeichnet die Gesamtheit der Nutzen für Dritte stiftenden Transaktionen, seien sie öffentlicher oder privater Art, entgeltlich oder unentgeltlich, formell oder informell." (Kaufmann 2003b: 42 f.)

leistungsfähigen Sozialstaat verschlechtert, die Klientel sozialstaatlicher Leistungen transformiert und damit den Sozialstaat als geschichtlich bedingte Lösung für gesellschaftliche Verhältnisse wahrnimmt, die sich nun wandeln. Legitimitätsprobleme entstehen nach dieser plausiblen Sichtweise daraus, dass an den Sozialstaat neue Anforderungen gestellt werden, die sich mit einem Verweis auf frühere Leistungsfähigkeit nicht einfach beantworten lassen, sondern nach einem, dem heutigen (veränderten) Problemdruck angemessenen, neuen gesellschaftlichen Arrangement fragen.

Zusammenfassend lässt sich für die Sozialstaatskrise festhalten, dass die Komplexität jedes einzelnen Krisenmomentes, vor allem aber die Kopplung von Struktur-, Finanz- und Legitimationskrise, einfache Lösungen unwahrscheinlich machen.

1.3 Finanzieller Umfang des Sozialstaates

Von öffentlichem Interesse ist indessen nicht nur die krisenhafte Entwicklung, sondern bereits der reguläre finanzielle Umfang des Sozialstaates. In der Bundesrepublik wird etwa ein Drittel des Bruttoinlandsproduktes (BIP) für Sozialstaatsaufgaben verwandt, in den Neuen Ländern liegt der Anteil sogar bei 48,5 Prozent (Deutscher Bundestag 2005: 193).[10] Mehr als die Hälfte aller öffentlichen Ausgaben sind Ausgaben für soziale Sicherung. Gestiegen ist auch der absolute Aufwand pro Person: Während 1950 für die soziale Sicherung pro Einwohner gerade einmal 73 Euro aufgewendet wurden, waren es knapp 8.500 Euro pro Einwohner im Jahr 2003 (BMAS 2003: 4). Auch im Bereich der Länder und Kommunen sind die Ausgaben für sozialpolitische Maßnahmen umfangreich. Auf der Länderebene werden zurzeit jährlich etwa 12

---

[10] Diese Quote betrug „1960 noch 21,5%, stieg bis 1975 auf 32,5%, fiel mit Schwankungen bis zum Jahr 1990 auf 28% zurück, um danach vereinigungsbedingt auf den bisher höchsten Wert von 34,1% im Jahr 1996 zu steigen; im Jahr 2001 betrug die Sozialleistungsquote noch 33,8% [...]. Wenn man die allgemeine Erhöhung des Preisniveaus seit 1960 – gemessen am Preisindex für die Lebenshaltung aller privaten Haushalte – herausrechnet, erhöhten sich die Sozialleistungen auf knapp das Sechsfache gegenüber einem knapp vierfachen Volumenwachstum beim realen Bruttoinlandsprodukt." (Hahlen 2002: 1049 f.)

Prozent, auf kommunaler Ebene ungefähr ein Zehntel aller Ausgaben für sozialpolitische Aufgaben verwandt.

Abbildung 2: Sozialbudget nach Funktionen
1960-2003 in Mrd. €

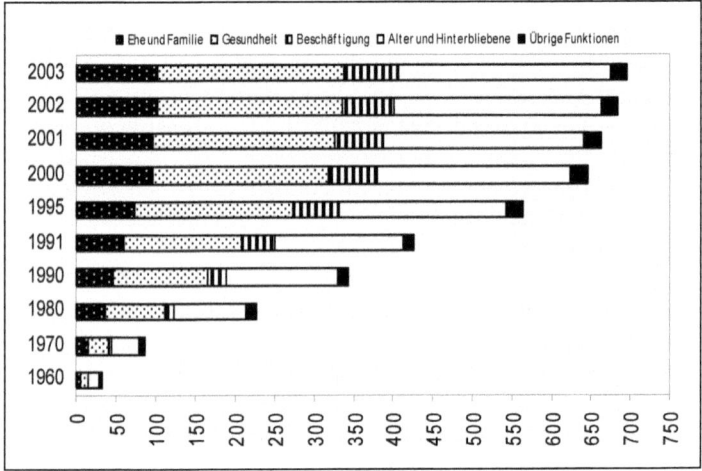

Quelle: BDA 2006; eigene grafische Darstellung.

Etwaiger vorschneller Kritik an dieser „Kostenexplosion" ist allerdings entgegenzuhalten, dass die wachsenden Ausgaben nicht allein einen Preisanstieg, sondern auch einen erheblich erweiterten Leistungsumfang des Sozialstaates sowie eine qualitativ bessere Versorgung reflektieren.

In der Darstellung der Finanzierungsrechnung des Sozialbudgets wird zwischen Finanzierungsarten (dem Sozialbudget zufließende Einnahmearten, vor allem Beiträge und Zuweisungen) und Finanzierungsquellen (volkswirtschaftliche Sektoren, denen die Einnahmen entstammen) unterschieden (BMAS 2001b: 496).

Die Darstellung nach *Finanzierungsarten* wiederum unterteilt in Beiträge, Zuweisungen, sonstige Einnahmen und für die Neuen Länder auch West-Ost-Transfer-Leistungen. Während die sonstigen Einnahmen nur mit weniger als einem Prozentpunkt insgesamt gering ausfallen, liegt der Anteil der Beiträge bei 60 Prozent bis 64

Prozent für Gesamtdeutschland und etwa 40 Prozent in den Neuen Ländern. Bezogen auf ganz Deutschland stehen den Beiträgen Zuweisungen aus öffentlichen Mitteln in Höhe von etwa 40 Prozent gegenüber. Das für die Neuen Länder bestehende Defizit wird durch einen West-Ost-Transfer von ungefähr 20 Prozent ausgeglichen (BMAS 2001b: 467 ff.).

In der Darstellung nach *Quellen* unterscheidet die Finanzierungsrechnung zwischen Unternehmen, Staat (Bund, Länder, Gemeinden und Sozialversicherungsträger), privaten Haushalten und privaten Organisationen ohne Erwerbszweck und Übriger Welt; für die Neuen Länder kommen die Einnahmen aus dem West-Ost-Transfer hinzu. Nach Quellen wurde das Sozialbudget im Jahr 2003 zu 45,4 Prozent durch den Staat (24,2 Prozent vom Bund, 11,8 Prozent von den Ländern, 9,4 Prozent von den Gemeinden) und zu 26,3 Prozent von privaten Haushalten finanziert. Der Rest von 28,2 Prozent wird fast vollständig von den Unternehmen getragen (Deutscher Bundestag 2005: 204). In den Neuen Ländern werden geringere Einnahmen seitens der Unternehmen (17,0 Prozent), des Staates (40,7 Prozent) und der privaten Haushalte (18,5 Prozent) durch einen West-Ost-Transfer in Höhe von 22,7 Prozent kompensiert (Stand: 2001) (BMAS 2001b: 474).

1.4 Der Sozialstaat ist für alle da

Nicht nur finanziell, sondern auch bezogen auf die Bevölkerung ist Sozialpolitik ein Großprojekt. Nach den Angaben des statistischen Bundesamtes lebten am 31.12.2004 in der Bundesrepublik Deutschland ungefähr 82,5 Mio. Menschen. Nur eine Minderheit von ihnen, nämlich 40,3 Prozent, bestreitet ihren Lebensunterhalt aus eigener Erwerbstätigkeit. Von den verbleibenden 59,7 Prozent der Bevölkerung wird die Hälfte, insgesamt 29,7 Prozent der Gesamtbevölkerung, vorwiegend nicht erwerbstätige Ehegatten und Kinder, unmittelbar von den eigenen Angehörigen versorgt. 3,6 Prozent der Bevölkerung leben von so genannten sonstigen Einnahmen, worunter sich allerdings sehr disparate Quellen wie Einkommen aus Vermögen und Vermietung, aber auch Sozialhilfe und Leistungen nach dem Bundesausbildungsförderungsgesetz

(BAföG) verbergen. Übrig bleiben 26,8 Prozent der Bevölkerung, die existenziell auf sozialstaatliche Leistungen angewiesen sind (alle Angaben nach: Statistisches Bundesamt 2004: 29 und 98). Das Wählerpotential dieses Bevölkerungsdrittels liefert einen guten Grund für die Brisanz der Sozialpolitik: Kein anderes Politikfeld trifft eine vergleichbar große Menge der Bevölkerung in ihrem Lebensnerv.

Doch Existenzsicherung, die vor allem in Form von Renten und ferner auch der Sozialhilfe geleistet wird, stellt nur einen Ausschnitt aus dem sozialpolitischen Tätigkeitsfeld dar. Zum *Sozialstaat im engeren Sinne* gehören jedoch alle Maßnahmen, die auf eine „Sicherung gegen die Risiken einer arbeitsteiligen Gesellschaft" (Schmidt 1998: 17) zielen. Neben der Rente und der Sozialhilfe zählen hierzu auch die staatliche Gesundheits-, Unfall-, Arbeitslosen- und Pflegeversicherung und somit ist buchstäblich schon fast jeder in das Sozialsystem eingebunden. Damit nicht genug: Nimmt man noch die Definition des *Sozialstaates im weiteren Sinne* hinzu, ist dieser in der Tat ein die Gesellschaft umfassendes Politikfeld, denn nach dieser weiten Definition werden als sozialstaatlich alle Tätigkeiten eines Staates bezeichnet, die „die Gesellschafts- und Arbeitsordnung nach bestimmten Zielvorstellungen zu gestalten" (Schmidt 1998: 17) versuchen. Danach umfasst Sozialpolitik auch Einflüsse auf die Wirtschaftsordnung, Arbeitsmarkt-, Wohnungs- und Bildungspolitik[11], Maßnahmen zum Abbau von Ungleichheit oder zur Herstellung von Gleichheit zwischen den Geschlechtern. In diesem Sinne ist Sozialpolitik ein umfassendes Programm zur Regulierung von gesellschaftlichen

---

[11] In der Bundesrepublik Deutschland wurden im Jahr 1998 etwa 2,5 Mio. Kindergartenplätze in Anspruch genommen. 64.700 Kinder befanden sich im Jahr 2000 in einer Vorschule, 3,4 Mio. Schülerinnen und Schüler in einer Grundschule und 12,6 Mio. Schülerinnen und Schüler an einer allgemein bildenden oder einer Berufsschule. Für ihren Unterricht wurden im Jahr 1999 knapp 723.000 Lehrer beschäftigt. Zur selben Zeit waren 1,8 Mio. Studentinnen und Studenten an deutschen Hochschulen eingeschrieben, an denen zugleich etwa 500.000 Dozenten und Verwaltungsangestellte ihren Arbeitsplatz fanden (vgl. Statistisches Bundesamt 2002: 58).

und wirtschaftlichen Verhältnissen, das die Bevölkerung in ihrer Gesamtheit betrifft.[12]

1.5 Sozialpolitik als Querschnittsbereich und -politik

Angesichts der komplexen gesellschaftlichen (Um-)Gestaltungsaufgaben ist Sozialpolitik kein Feld, das für sich selbst stehen würde. Sozialpolitik ist eine Querschnittspolitik, die in andere Politikbereiche – etwa die Bildungs- und Wohnungsbaupolitik – hineinreicht und deren Erfolge und Misserfolge von Auswirkungen anderer Politikfelder – insbesondere der Wirtschaftspolitik – stark abhängig sind. Wechselseitige Abhängigkeitsbeziehungen zwischen sozialer und anderer Politik sind nicht erst im ausgebauten Sozialstaat nach dem Zweiten Weltkrieg, sondern bereits in den zwanziger Jahren deutlich erkannt worden: „Da sich in aller Sozialpolitik ethische, ökonomische und politische Leitgedanken mischen und gerade diese Mischung die Eigenart aller Sozialpolitik ausmacht, so besteht zwischen den vier Disziplinen: Ethik, Ökonomik (speziell Sozialökonomik), Politik und Sozialpolitik eine Fülle von Beziehungen." (von Wiese 1926: 619)

Die wechselseitige Durchdringung zwischen den Politikbereichen macht es nicht nur sachlich schwierig, Grenzen sozialpolitischen Handelns abzuschätzen, sie wirkt sich auch auf die Kalkulierbarkeit materieller Transferleistungen aus. „Große Teile des Wirtschafts- und Steuerrechtes, aber auch der Bildungspolitik haben mit ihren gesetzlichen und programmatischen Bestimmungen wesentlichen Einfluß auf die Sozialordnung unseres Landes. Wenige wichtige Bereiche seien genannt: Wohnbauförderung, Sparförderung, einkommensabhängige Schulgeld- und Lernmittelfreiheit. Die Regelung dieser Einzelbereiche schafft soziale Wirklichkeiten: Sie löst öffentliche Transferleistungen aus, deren Reichweite und Auswirkungen – wegen der Unüberschaubarkeit

---

[12] Allerdings betrifft sie dies auf sehr unterschiedliche Weise: Vgl. hierzu die ausführliche Liste der verschiedenen Leistungsprinzipien des Sozialstaates bei Frevel/ Dietz (2004: 61 ff.).

der Einzelfallregelungen – politisch nicht mehr kalkulierbar sind." (Becker 1994: 22 f.)

Abbildung 3: Felder staatlicher Sozialpolitik

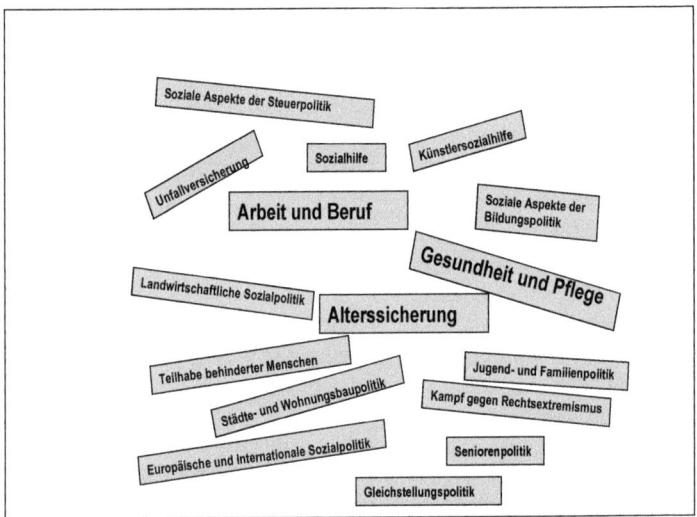

Eigenständigkeit und Abgrenzbarkeit von Sozialpolitik werden angesichts des steigenden Aufgabenumfanges unwahrscheinlicher. Aufschlussreich für dieses Verständnis einer Sozialpolitik als umfassender Gesellschaftspolitik sind die Gegenstandsbereiche, die in die Berichterstattung der Sozialberichte integriert werden: Neben den klassischen Feldern der Sozialpolitik im engeren Sinne sind hier auch den sozialen Aspekten der Steuerpolitik, der Wohnungs- und Städtebaupolitik, der Bildungspolitik sowie dem Kampf gegen Rechtsextremismus und rechtsextremistische Gewalt eigene Kapitel gewidmet (Deutscher Bundestag 2005).

1.6 Sozialstaat und Rechtsstaat

Soziale Rechte sind historisch eine Folge von liberalen Freiheitsrechten wie politischen Partizipationsrechten (vgl. Marshall 1992a:

40 ff.). Die Einführung sozialer Rechte ist eine konsequente Folge von politischen und liberalen Rechten, wenn man anerkennt, dass das Recht auf politische Beteiligung rein formaler Natur bleibt, wenn nicht zugleich die Rechtsinhaber fähig sind bzw. befähigt werden, diese Rechte auch auszuüben: Wer wählen will, muss lesen können. Ernst-Wolfgang Böckenförde beschreibt daher das Vordringen des materialen Rechts, des Rechts auf die Vermittlung der Kompetenz, die man benötigt, um seine formalen Rechte auch wahrnehmen zu können, als folgerichtige Vervollständigung liberaler Freiheitsrechte (Böckenförde 1992: 149).

Dem Wandel dieser Rechtsauffassung entspricht ein Wandel der Staatsaufgaben, der sich im Sozialstaat vor die Aufgabe gestellt sieht, nicht nur Rechte zu gewähren, sondern deren Ausübung auch zu gewähr*leisten*. Wenn auch nach dieser Lesart der Sozialstaat den Rechtsstaat quasi vervollständigt, markiert doch die sozialstaatliche Erweiterung zugleich einen deutlichen Bruch mit der Funktionsweise eines reinen Rechtsstaates. Denn die Gewährleistungspflicht des Staates, die aus den sozialen Rechten folgt, führt zu markanten Folgeproblemen, die den Sozialstaat vom Rechtsstaat unterscheiden. „Die entscheidende Differenz zwischen der älteren Auffassung von Rechtsstaatlichkeit und der neueren einer *sozialen* Rechtsstaatlichkeit bezieht sich auf das Verhältnis von Staat und den übrigen Lebensbereichen, der sogenannten ‚Gesellschaft'" [...] Die strukturelle Verselbständigung der gesellschaftlichen Teilbereiche und die grundsätzlich unabhängige Rechtsstellung der in ihrem Kontext handelnden individuellen und kollektiven Akteure wird anerkannt, doch wird versucht, unerwünschte Folgen der daraus resultierenden Eigendynamik zu *korrigieren* und zu *kompensieren*." (Kaufmann 1996: 26; Herv. i. Orig.) Neben die *formale* rechtsstaatliche Gleichheit tritt mit diesem Anspruch die Aufgabe, auch *faktische* soziale Gleichheit herzustellen oder sich dieser zumindest anzunähern, was nur mittels eines gestalterischen Eingriffs in die gesellschaftlichen Verhältnisse gelingen kann. Die daraus entstehende Differenz zwischen Rechts- und Sozialstaat kann in vier Kernpunkten zusammengefasst werden: Der Sozialstaat bedarf anderer Mittel, anderer Ziele, einer anderen Legitimation und eines grundsätzlich anderen Verwaltungsapparates als der Rechtsstaat.

⇨ *Andere Mittel*: Der Rechtsstaat kann Recht als zentrales Mittel seines Handelns quasi endlos aus sich selbst heraus hervorbringen. Als Sozialstaat hingegen wird der Staat abhängig von ökonomischen Faktoren, die er nur teilweise beeinflussen kann. Die wirtschaftlichen Rahmenbedingungen, die sowohl das Staatseinkommen als auch und insbesondere die Einnahmen des Sozialstaates bestimmen, sind staatlicher Steuerung nur begrenzt zugänglich. Dem sozialen Handeln des Staates sind ökonomische Grenzen gesetzt. Dies gilt umso mehr unter den Bedingungen einer globalen Ökonomie, in der die Fähigkeit des Staates, wirtschaftliche Prozesse zu steuern, sinkt und die Freiheit ökonomischer Akteure, sich dem staatlichen Zugriff zu entziehen, steigt.

⇨ *Andere Ziele*: Ziel rechtsstaatlichen Handelns ist die Verrechtlichung und damit Formalisierung staatlicher Vorgänge sowie die Herstellung und Gewährleistung formaler Rechtsgleichheit aller Bürger. Als zentrale Ordnungsmacht, alleiniger Gesetzgeber und Monopolist der Rechtsprechung und des Rechtsvollzugs ist der Staat hierzu besonders befähigt. Ziel des Sozialstaates hingegen ist die Inklusion bislang Benachteiligter in die Gesamtgesellschaft. Nicht absolute Rechtsgleichheit, sondern Verringerung sozialer Differenz ist die Zielgröße sozialstaatlichen Handelns. Im Unterschied zum weitgehend unangefochtenen Rechtsstaat ist der Sozialstaat in seiner sozialen Kompetenz immer neu in Frage gestellt. Zudem sind diese Ziele nicht unumstritten: Jegliche Konkretisierung der Inklusionsidee beruht auf einer bestimmten *Wahrnehmung* gesellschaftlicher Probleme, die immer auch anders wahrgenommen werden können, und erfordert eine bestimmte Version der *Lösung* dieser Probleme, für die ebenfalls Alternativen zur Verfügung stünden. Unvermeidlich nimmt der Sozialstaat damit eine bestimmte Position innerhalb der gesellschaftlichen Kräfteverhältnisse ein, die er zu stabilisieren oder zu verändern trachtet. Ebenso unvermeidlich werden Interessengruppen versuchen, auf den Sozialstaat Einfluss zu nehmen und ihre Interessen gegen andere zu behaupten.

⇨ *Andere Legitimität*: Ein Rechtsstaat wird als legitim wahrgenommen, wenn er in der Rechtsetzung und Rechtdurchsetzung das Prinzip der Rechtsgleichheit berücksichtigt. Ganz im Gegensatz hierzu ist das Prinzip des Sozialstaats kein für alle gleiches Recht: Der Sozialstaat muss differenzieren zwischen denen, die Ansprüche auf seine Leistungen haben, und solchen, die diese Leistungen erbringen sollen. Der Gerechtigkeitsmaßstab des Sozialstaates ist damit nicht die formale Menschengleichheit, sondern ein veränderlicher Maßstab, der aus der Beobachtung der Gesellschaft, einer Bewertung ihrer nicht hinnehmbaren Ungleichheiten und der Einschätzung von Prioritäten bei der Lösung von Problemen immer neu gewonnen werden muss. Deswegen wird der Sozialstaat nicht an seinem (guten) Willen, sondern an seinen Taten gemessen; seine Legitimität orientiert sich am *output* bzw. genauer: am *outcome*, an dem nämlich, was am Ende – gewollt oder ungewollt – herauskommt.

⇨ *Andere Verwaltung*: Der bürokratische Aufwand des Sozialstaates ist ungleich größer als der Aufwand für einen Rechtsstaat. Weil Sozialpolitik in die gesellschaftlichen Verhältnisse eingreift, bedarf der Staat hierzu eines komplexen Apparates, der die Gesamtverhältnisse überblicken *und* den Einzelfall sehen kann. In den unten stehenden Ausführungen über die historischen Anfänge des Sozialstaates wird deutlich, dass Sozialstaat mit einer Ausweitung der Bürokratie untrennbar verbunden ist.

Im Resultat ist festzuhalten, dass der Sozialstaat den Rechtsstaat nicht nur ergänzt, sondern ihn zugleich grundlegend umgestaltet hat.

1.7 Sozialstaat und sozialer Frieden

Nach Kaufmann (1997: 34-48) sind unterschiedliche Nutzenfunktionen des Sozialstaates nach ihrer ökonomischen, kulturellen, sozialen und politischen Wirkung zu unterscheiden. Die ökonomische Wirkung besteht demnach in einer Steigerung des Humankapitals und damit einer Produktivitätssteigerung, die kulturelle Wirkung besteht in einer Förderung der Akzeptanz staatlicher Eingriffe, die soziale Wirkung richtet sich auf die Wohlfahrt einzelner

Haushalte und damit letztlich auch wieder auf die ökonomische Funktion, und die politische Wirkung sieht Kaufmann besonders in einer Milderung sozialer Gegensätze gegeben.

Letzteres, die politische Bedeutung der Sozialpolitik, wird in einer Hinsicht immer besonders hervorgehoben: Ein funktionierender Sozialstaat trage erheblich zum sozialen Frieden bei. Für die Bundesrepublik zeigt sich dies in langen Jahren vor allem durch die Abwesenheit schwerer Arbeitskämpfe und eine generelle Demokratiezufriedenheit, die auch dem wirtschaftlichen Erfolg zu verdanken ist. Dem deutschen Sozialstaat wird bei aller Kritik generell zugestanden, dass er wesentlich zum sozialen Frieden beigetragen habe, indem er die Kluft zwischen Arm und Reich verringerte, ein menschenwürdiges Leben auch denen ermöglichte, die dies nicht aus eigener Kraft herstellen konnten, und vor allem, indem er regulierend in die ökonomischen Verhältnisse von Arbeitnehmern und Arbeitgebern eingriff. Der hierfür geläufige Begriff spricht von der „Sozialpartnerschaft" zwischen Arbeitgebern und Arbeitnehmern. Klassischerweise bezieht sich die politische Friedensfunktion des Sozialstaates auf die Milderung der ökonomischen Interessengegensätze zwischen Kapital und Arbeit.

Gleichwohl sollten zwei weitere sozialpolitische Friedensfunktionen nicht vergessen werden: Art. 72 GG berechtigt und verpflichtet den Bund, von seinem Gesetzgebungsrecht Gebrauch zu machen, soweit die „Herstellung gleichwertiger Lebensverhältnisse" dies erforderlich macht. Diese allgemeine Bedeutung kann, soweit sie sich auf sozialpolitische Gesetzgebungsverfahren bezieht, im Sinne einer zweiten wesentlichen Dimension der Sicherung sozialen Friedens, nämlich im föderalen Staat, interpretiert werden.

Eine zwar hiervon abgeleitete, doch im Umfang und seiner generellen Bedeutung nach eigenständige, dritte Friedensaufgabe schließlich erfuhr die deutsche Sozialpolitik nach 1990, wo ihr als erstes oblag, die Kluft zwischen Ost und West, wenn nicht kulturell, doch wenigstens finanziell zu schließen zu beginnen. Bei aller verständlichen Kritik an der nach wie vor erheblichen Differenz der Lebensverhältnisse ist diese organisatorische und finanzielle Leistung des deutschen Sozialstaates, die faktisch auf einer enormen Solidaritätsleistung der westdeutschen Versicherten beruht, im Sinne einer Sicherung des sozialen Friedens zu würdigen.

1.8 Soziale Gerechtigkeit und transnationale Solidarität

Wer schuldet wem welche Solidarität aus welchen Gründen? ist die Kernfrage der Solidaritätsdebatte, gleichgültig, in welcher Form und zu welcher Zeit sie geführt wird. Grenzen der Solidarität bestimmen die Debatte über Mildtätigkeit, Barmherzigkeit und Sozialpolitik seit jeher. Frühe Diskurse ziehen die Grenze der Solidaritätspflicht bei der Arbeitsfähigkeit der Bedürftigen – wer arbeiten kann, soll nicht unterstützt werden –, bei den Einheimischen, die den „Fremden" vorzuziehen sind, unterscheiden schutzbedürftige Alte, Gebrechliche, weibliche und junge Schutzbedürftige von solchen, die selbst für sich sorgen können sollten, trennen schuldig Arme von unschuldigen und schamhafte von unverschämten Armen. Die Grenzen sind diskussionswürdig, wie immer sie gezogen werden; sie unterliegen einem gesellschaftlich vorherrschenden Empfinden und Interessen, sind aber weder objektiv bestimmbar noch für alle Zeiten gültig. Metaphern von der Art: „Das Boot ist voll" suggerieren jedoch eine feststehende Grenze des Leistbaren, die bei Strafe des eigenen Untergangs nicht überschritten werden darf. Doch weder sitzen wir auf einem Schiff noch schwimmen wir auf See. Ganz abgesehen davon ist auch dieses „wir" unverkennbar unbestimmt: Wir Bewohner einer Stadt? Wir Deutschen? Wir, die wir in Deutschland Steuern zahlen? Wir Europäer? Wir Mitglieder reicher Industrienationen? Wir Bewohner des christlichen Abendlandes?

Die Bundesrepublik ist nach unveränderlichem Verfassungsrecht ein Sozialstaat. Offen indessen ist, welche materiale Ausgestaltung der Sozialstaat haben soll. Dies ist mithin keine rechtliche, sondern eine politische Frage (vgl. Herzog 1988), um die im Verlaufe der Geschichte der Bundesrepublik weidlich gestritten wurde. In der gegenwärtigen Krise des deutschen Sozialstaats konzentriert sich die öffentliche Diskussion auf die materiellen Fragen der Erhaltung der Leistungsfähigkeit der Versicherungssysteme. Jedoch kann eine Erneuerung des Sozialstaats ohne Debatte über

Maßstäbe der Gerechtigkeit nicht gelingen. Nicht nur die finanzielle Tragfähigkeit des Sozialstaats, auch die Legitimität von Sozialpolitik muss neu bestimmt werden. Letzteres betrifft die innerstaatlichen Solidaritätsverpflichtungen, aber auch die zunehmenden Fragen einer transnationalen Solidarität. Gerade hierbei, und das mag auch die innerdeutsche Debatte beflügeln, ist es schwer, für die Bundesrepublik Deutschland, die 2004 nach den USA und Japan das drittgrößte Bruttosozialprodukt der OECD-Welt erwirtschaftete (OECD 2006: 31), eine absolute Knappheit der Mittel zu behaupten. Die Bundesrepublik ist immer noch ein reiches Land, das sich dem „moralischen Imperativ" seiner Solidaritätsverpflichtungen gegenüber den eigenen wie den fremden Bürgern nicht entziehen kann: „There is one reason above all others why the world should be mobilized against human poverty. [...] It is a moral imperative. We are rich and they are poor, and it is our duty to help them." (Wilson 1953: 25)

Weiterführende Literatur:
Frevel, Bernhard/Dietz, Berthold 2004: Sozialpolitik kompakt. Wiesbaden: VS Verlag für Sozialwissenschaften.
Boeckh, Jürgen/Huster, Ernst-Ulrich/Benz, Benjamin 2004: Sozialpolitik in Deutschland. Wiesbaden: utb.

2 Gerechtigkeit und Sozialstaat

Der Verfassungsgeber hat bezüglich der Sozialstaatlichkeit der Bundesrepublik eine definitive, gleichwohl offene Entscheidung getroffen: Art. 20 und Art. 79 GG legen fest, dass die Bundesrepublik unwiderruflich ein *sozialer* Bundesstaat ist. Nähere Ausführungen über den Umfang sozialstaatlicher Verpflichtungen sind dem Grundgesetz hingegen nicht zu entnehmen. Die verfassungsrechtliche Verfügung in der Sache wie die Offenheit im Detail mögen dazu beigetragen haben, dass „eine normativ-politische Debatte über die grundlegenden Gerechtigkeitsformen, die dem Sozialstaat zugrundeliegen, [...] in der Bundesrepublik noch kaum entfaltet [ist]" (Nullmeier/Vobruba 1995: 14).

An diesem Befund ändert auch die seit Mitte der neunziger Jahre erneuerte Diskussion über Gerechtigkeitskriterien des Sozialstaats, insbesondere über Fragen der Generationengerechtigkeit und der Ost-West-Verteilung, wenig. Die aktuelle Neuvermessung der „Grenzen des Sozialstaates" ist von finanzpolitischen Erwägungen dominiert. Umgekehrt ist die normative Reflexion von Gerechtigkeitsfragen, die sich im Anschluss an die 1971 erstmals publizierte, moderne Gerechtigkeitstheorie von John Rawls in der politischen Theorie und Philosophie entwickelte, weitgehend abgekoppelt von der sozialpolitischen Realität (Rawls 1993; kritisch hierzu: Nozick 1974; vgl. auch Forst 1996). Eine Rolle für den geringen Anteil an normativer Reflexion über Gerechtigkeit in der jüngeren deutschen sozialpolitischen Debatte spielt auch die Wendung der klassisch an Gerechtigkeitsfragen orientierten Sozialdemokratie zum Konzept des „Aktivierenden Staates", der sich der „Staatsmodernisierung und politischer Steuerung in einer *pragmatischen* prozesspolitischen Perspektive" (Lamping/Schridde et al. 2002: 28; Herv. i. Orig.; vgl. auch Schröder/Blair 1999) verpflichtet und das Ziel verfolgt, eine „neue Verantwortungsteilung" zwischen Staat und Gesellschaft herzustellen. Beides, die Ferne der normativen Gerechtigkeitsdiskussion zur Realität des Sozialstaates und die Distanz der praktischen Sozialpolitik zu normativen Gerechtigkeitsfragen, haben die Fundierung konkreter Sozialpolitik auf Gerechtigkeitsprinzipien nicht vorangetrieben.

Sozialstaatlichkeit kann aber ohne Gerechtigkeitsvorstellungen nicht auskommen. Zumindest implizit unterliegen *alle* sozialpolitischen Eingriffe bestimmten Gerechtigkeitsideen – die Gewährung eines Eltern- oder Erziehungsgeldes etwa folgt der Vorstellung, dass es gerecht sei, wenn eine Gesellschaft Eltern bei der Erziehung ihrer Kinder unterstützt, so wie es gerecht scheint, dass diejenigen Rentner, die während ihrer Arbeitszeit höhere Beiträge in die Rentenkassen gezahlt haben, später höhere Renten beziehen. Sozialstaatliche Eingriffe müssen daher in letzter Instanz vor dem Hintergrund von Gerechtigkeitsvorstellungen begründet werden. Doch herrscht über Gerechtigkeit kein Konsens: „Worin aber Gerechtigkeit liegt und nach welchen Maßstäben das eine als gerecht, das andere aber als ungerecht zu beurteilen ist, zu diesen Fragen finden wir sowohl in den Debatten des Alltags als auch in der wissenschaftlich-philosophischen Diskussion mannigfachen Streit. Umstritten sind nicht nur Einzelfälle oder Regeln, die der Beurteilung vorgegeben sind; selbst die Grundmaßstäbe sind kontrovers. Mehr noch: Es ist sogar strittig, was denn ‚Gerechtigkeit' heißt, ferner ob sie in der Politik einen legitimen Platz hat oder nicht eher zu einer illegitimen Moralisierung der Politik führt." (Höffe 1988: 66)

Dass der Sozialstaat von und für Gerechtigkeit lebt, aber gleichzeitig über den Inhalt und die Herstellung von Gerechtigkeit kein Konsens herrscht, macht die Debatte über den Zusammenhang von Gerechtigkeit und Sozialstaat unerlässlich und schwierig zugleich: unerlässlich, weil die Dimension der Gerechtigkeit zwar unausgesprochen, aber niemals unadressiert bleiben kann, schwierig, weil die leitenden Gerechtigkeitsvorstellungen eines Sozialstaates umstritten bleiben müssen. Thematisierungen der Gerechtigkeitsproblematik des Sozialstaates können daher jeweils nur Ausschnitte des Feldes beleuchten und alle Gerechtigkeitsperspektiven bleiben relativ.

Die folgenden Ausführungen führen zunächst in die philosophische Debatte über distributive Gerechtigkeit ein (Kap. 2.1.). Sodann wird der Zusammenhang von Sozialstaat und Gerechtigkeit unter zwei Aspekten diskutiert: der Frage nach der Gerechtigkeit *durch* den Sozialstaat (Kap. 2.2.) und der Frage nach der Gerechtigkeit *im* Sozialstaat (Kap. 2.3.). Beiden Fragen gemeinsam ist die Suche nach Rechtfertigungen für materielle Eingriffe des Staates in die Privatvermögen der Bürger mit dem Ziel, den einen etwas zu nehmen, was anderen zu geben ist. Während die erste Frage dabei ganz allgemein auf die Legitimation sozialstaatlicher Interventionen zielt, fragt die zweite konkret nach der Legitimität bestimmter Programme, nach Formen der Umverteilung und somit nach Kriterien der Unterscheidung zwischen verschiedenen berechtigten Ansprüchen.

2.1 Distributive Gerechtigkeit

„Gerechtigkeit ist eine Grundnorm des Politischen." (Ladwig 2004: 119) Begründungen für Gerechtigkeit können nicht aus anderen Prinzipien hergeleitet werden. Gerechtigkeit ist somit ein letzter Maßstab, sie ist die „vollkommene Trefflichkeit", „nicht ein Teil der ethischen Werthaftigkeit, sondern die Werthaftigkeit in ihrem ganzen Umfang" (Aristoteles 1983: 1130 a). Während ethische Werthaftigkeit für Aristoteles eine „persönliche Haltung" (ebd.) ist, bezeichnet Gerechtigkeit die Ausübung dieser Haltung, eine „Bezogenheit auf den anderen" (ebd.). Gerechtigkeit ist nach diesem Verständnis immer interpersonal: Man ist nicht gerecht an sich, sondern nur im Verhältnis zu anderen. Gerecht ist nach Aristoteles, „(A) wer Gesetz und (B) wer bürgerliche Gleichheit achtet" (Aristoteles 1983: 1129 a).

Aristoteles unterscheidet in der Folge zwei Grundformen der Gerechtigkeit, eine verteilende (distributive) und eine die Rechtsverhältnisse wieder herstellende (korrektive) Gerechtigkeit. Distributive Gerechtigkeit „ist wirksam bei der Verteilung von öffentlichen Anerkennungen, von Geld und sonstigen Werten, die den Bürgern eines geordneten Gemeinwesens zustehen." (Aristoteles 1983: 1131a) Korrektive Gerechtigkeit sorgt dafür, „daß die vertraglichen Beziehungen von Mensch zu Mensch rechtens sind" (ebd.). In beiden Fällen ist das Gerechte „etwas Proportionales" (ebd.) – eine „Gleichheit der Verhältnisse", die zwischen mindestens zwei Personen und mindestens zwei Dingen mittels der gerechten Handlung herzustellen ist.

Während das Gerechte somit zwar „Gleichheit" bedeutet und Gerechtigkeit der Herstellung von Gleichheit dient, sieht Aristoteles jedoch, dass es im Bereich der für die Sozialpolitik relevanten Dimension, der distributiven Gerechtigkeit, liegt, „daß der eine das gleiche wie der andere oder nicht das gleiche zugeteilt erhält" (ebd.). Gleichheit heißt demnach nicht absolute Gleichheit von Personen und Dingen, sondern eine Gleichheit, die die „Angemessenheit" (ebd.) berücksichtigt. In der platonischen Definition von Gerechtigkeit war vergleichbar die Rede davon, dass es gerecht ist, wenn man „jedem das gibt, was er verdient" (Platon 2005: 331e, 332b-c).

Wenn Gerechtigkeit demnach als Herstellung von Gleichheit unter Berücksichtigung der Angemessenheit verstanden wird und Angemessenheit sich am Verdienst der einzelnen misst, tritt der „grundsätzlichste Streitpunkt bei der Theorie der distributiven Gerechtigkeit" (Tugendhat 1993: 373) offen zutage: „[V]erdienen alle die gleiche Menge der zu verteilenden Güter oder nicht?" (Ebd.) Mit dieser Frage befinden wir uns im Kernbereich sozialer Gerechtigkeit: Nach welchen Regeln können Verteilungen begründet werden? Welche Verdienste können ins Feld geführt werden, um Rechte zu begründen?

In der Antwort auf diese Frage stehen sich zwei Positionen gegenüber: Die egalitäre (auch: egalitaristische) Position fordert: Jedem das Gleiche. Die Kritiker des Egalitarismus hingegen finden, „es wäre ungerecht, denjenigen, die Ungleiches verdienen, gleich viel auszuteilen." (Tugendhat 1993: 373) Beide Positionen haben spontan etwas für sich: Wenn alle Menschen gleich sind, gebührt jedem derselbe Anteil, so folgern die Egalitaristen. Kritiker der Position hingegen führen unterschiedliche Begründungen für eine gerechte Ungleichheit ins Feld, so z.B. das Argument unterschiedlicher Bedürftigkeiten.

Ernst Tugendhat weist jedoch zu Recht darauf hin, dass die egalitäre und die von ihm „aristotelisch" genannte, zweite Position nicht komplett entgegengesetzt sind. „Es gibt Übereinstimmungen. Erstens ist der Vertreter des egalitären Konzepts mit dem Aristoteliker einer Meinung, daß es, *wenn* zwei Personen Ungleiches verdienen, ungerecht ist, ihnen Gleiches zu geben. Er verneint lediglich, daß verschiedene Personen ein ungleiches Verdienst haben, d. h. daß sie sich in einer für die Verteilung maßgebenden Weise unterscheiden. Zweitens und wichtiger: der Aristoteliker ist mit dem Vertreter des egalitären Konzepts darin einig, daß *wenn* keine relevanten Gründe für ungleiches Verdienst angeführt werden können, gleich zu verteilen ist." (Tugendhat 1993: 373; Herv. im Orig.) Egalitäre Verteilung wäre demnach in beiden Positionen die grundlegende Regel, nach der zu handeln ist. Allerdings erweitert die aristotelische Argumentation diese Grundlage durch die Behauptung, dass es relevante Gründe für eine ungleiche Verteilung geben kann. Zu diesen Gründen zählen nach Tugendhat: Bedürfnisse, erworbene Rechte und Leistungen.[13]

Ob nun aber eine gleiche oder aus relevanten Gründen ungleiche Verteilung gerechter ist, stellt nur den Einstieg in die Diskussion dar. Als Folgeprobleme ergibt sich der Streitpunkt, wie gegebenenfalls vorhandene, relevante Gründe gewichtet werden und welchen Einfluss sie auf das Verteilungsschema haben sollen. Vor allem aber stellt sich die Frage: Im Hinblick auf was genau –

---

[13] „Ist eine Torte unter mehreren Kindern zu verteilen, können verschiedene Gründe für eine ungleiche Verteilung angeführt werden. Ein Kind könnte erklären, daß es besonders großen Hunger hat. Das ist das sogenannte Bedürfnisargument. Ein anderes Kind könnte sagen, daß ihm die Mutter bereits die Hälfte der Torte versprochen hat: das Argument aus erworbenen Rechten. Ein drittes könnte anführen, daß es für die Mutter gearbeitet hat: das Argument aus Verdienst im engeren Sinn (Leistung). Viertens könnte ein Kind sagen, ihm gebühre ein größeres Stück, weil es das erstgeborene ist. Dieser Grund läuft darauf hinaus, daß es vorweg einen größeren Wert hat. Alles das sind gegebenenfalls relevante Gründe. Kann jedoch kein relevanter Grund angeführt werden, so bleibt nur die egalitäre Teilung übrig." (Tugendhat 1993: 373 f.) Das letzte Argument, das auf eine behauptete Ungleichwertigkeit der Kinder bzw. Höherwertigkeit des erstgeborenen Kindes hinausläuft, weist Tugendhat allerdings in seiner weitergehenden Argumentation als Grund für berechtigte Ungleichverteilungen zurück. Voraussetzung ungleicher Verteilung ist die Gleichwertigkeit der Personen, deren einziges Ausschlusskriterium eine mangelnde Teilnahmefähigkeit an der „Gemeinschaft der Kooperationsfähigen" (ebd.: 376) ist. Traditionale Ungleichwertigkeiten von Personen (Geschlecht, Hautfarbe oder eben auch der Status als Erstgeborener) hingegen verletzen diese Norm, indem sie Ungleichverteilung mit Ungleichwertigkeit begründen.

Güter, Ressourcenausstattung, Chancen? – ist eigentlich Gleichheit zu fordern?[14]

Wenn auch diese Fragen aus dem Kernbereich der normativen Gerechtigkeitsdiskussion mit zentralen Fragestellungen sozialstaatlicher Politik zusammenfallen, fehlt doch ein entscheidender Schritt, um diese grundlegenden Ideen von Gerechtigkeit – mit allen aufgezeigten Schwierigkeiten der Anwendung – als Legitimationsquelle sozialstaatlichen Handelns nutzbar zu machen. Denn hier bleiben zwei Prämissen unhinterfragt, die sich einer Ableitung aus einer grundsätzlichen und nicht weiter begründungsfähigen Gerechtigkeitspflicht in die sozialstaatliche Distributionssphäre widersetzen: die Prämisse, dass verteilende Gerechtigkeit eine Staatsaufgabe ist, und die Prämisse, dass es überhaupt etwas zu verteilen gibt. In den Worten von Tugendhat: „[W]arum und in welchem Ausmaß soll man den Gesichtspunkt der Gerechtigkeit überhaupt auf den gesellschaftlichen Reichtum übertragen?" (Tugendhat 1993: 388)

In der Tat wird angeführt, dass es für eine demokratische Ordnung zwar notwendig ist, die Verteilung von Macht und, wie es bei Aristoteles hieß, von „öffentlichen Anerkennungen" (Aristoteles 1983: 1131 a) zu regeln, dass es aber in einer auf Privateigentum beruhenden Produktionsgesellschaft nicht in gleicher Weise selbstverständlich ist, auch in die Eigentumsverhältnisse von Individuen einzugreifen. Wird diese Konzeption gesellschaftlicher Produktion zudem mit der liberalen Ideologie gleicher Ausgangsbedingungen kombiniert, scheint es geradezu ungerecht, die Leistungswilligen mit Abgaben zu belasten, um denen, die bei gleichen Bedingungen gestartet und weniger erfolgreich waren, etwas vom Reichtum der ersteren abzutreten. Um eine sozialstaatliche Distributionssphäre zu begründen, muss demnach mehr als der Hinweis auf die Formen und Möglichkeiten verteilender Gerechtigkeit geleistet werden.

---

[14] Um diese Frage rankte ein großer Teil der Gerechtigkeitsdebatte der achtziger Jahre, die so genannte „equality-of-what"-Diskussion (vgl. hierzu Dworkin 1981; Cohen 1989; Sen 1979).

2.2 Gerechtigkeit durch den Sozialstaat

Auch wenn insgesamt zutreffend konstatiert wird, dass „bis heute [...] der Sozialstaat einer *verbindlichen* normativen Hintergrundtheorie [ermangelt]" (Kersting 2000: 6; Herv. P.D.), fehlt es nicht an Bemühungen, starke Argumente für eine Umverteilung gesellschaftlichen Reichtums durch den Staat zu finden. Der Bedarf an solchen Begründungen – auch wenn ihnen keine Verbindlichkeit zugesprochen wird – ist ungebrochen groß, weil einerseits „die Legitimationsbasis des Sozialstaates in den westlichen Industrieländern bis hin zur ‚Erosion der Anerkennungswürdigkeit des Wohlfahrtsstaates' [...] zu schwinden scheint, andererseits [...] der weltweite ‚Sieg' des Marktes über den Plan in recht kurzer Zeit deutlich werden lassen [hat], daß demokratische Marktwirtschaften auf nicht-marktliche Integrationsressourcen zurückgreifen müssen, wollen sie als Demokratien und Marktwirtschaften fortbestehen." (Nullmeier/Vobruba 1995: 11)

Drei grundsätzliche Modelle der Begründung von Gerechtigkeit durch den Sozialstaat werden im Folgenden vorgestellt: John Rawls Theorie der Gerechtigkeit, die grundlegend für die moderne Gerechtigkeitsdebatte ist, die auf der Konzeption der Menschenrechte basierende Argumentation von Ernst Tugendhat sowie die von Wolfgang Kersting versuchte Einbettung sozialstaatlicher Verpflichtungen in den Kontext der rechtsstaatlichen Demokratie moderner Verfassungsstaaten.

2.2.1 John Rawls: Theorie der Gerechtigkeit

Zentraler Bezugspunkt aller modernen Gerechtigkeitstheorien ist die 1971 erschienene „Theorie der Gerechtigkeit" von John Rawls. Für Rawls ist Gerechtigkeit „die erste Tugend sozialer Institutionen, so wie die Wahrheit bei Gedankensystemen" (Rawls 1993: 20). Entsprechend ist für ihn ein vorrangiger Gegenstand der Gerechtigkeit „die Art, wie die wichtigsten gesellschaftlichen Institutionen Grundrechte und -pflichten und die Früchte der gesellschaftlichen Zusammenarbeit verteilen." (Rawls 1993: 23) Ein Begriff sozialer Gerechtigkeit hat demnach vor allem einen Maßstab zu liefern, anhand dessen die Verteilungseigenschaften der gesellschaftlichen Grundstruktur beurteilt werden können (vgl. ebd.: 26). Einen solchen Begriff versucht Rawls unter Anwendung der Theorie des Gesellschaftsvertrages zu entwickeln. Wie die klassischen Vertragstheoretiker nimmt er modellhaft einen Akt an, in dem Grundsätze der Verteilung gesellschaftlicher Güter beschlossen werden. „Die Menschen sollen im voraus entscheiden, wie sie ihre Ansprüche gegeneinander regeln wollen und wie die Gründungsurkunde ihrer Gesellschaft aussehen soll. Ganz wie jeder Mensch durch vernünftige Überlegung entscheiden muß, was für ihn das Gute ist, so muß eine Gruppe von Menschen ein für allemal entscheiden, was ihnen als gerecht und ungerecht gelten soll." (Ebd.: 28) Dieser gedachte, ursprüngliche Akt der Festlegung von Gerechtigkeitskriterien findet hinter dem so genannten „Schleier des Nichtwissens" (*veil of ignorance*) statt in einer Situation eines Urzustandes (*original position*). „Zu den wesentlichen Eigenschaften dieser Situation gehört, daß niemand seine Stellung in der Gesellschaft kennt, seine Klasse oder Status, ebensowenig sein Los bei der Verteilung natürlicher Gaben wie Intelligenz oder Körperkraft." (Ebd.: 29) Hinter dem Schleier des Nichtwissens sind alle Menschen, so die Annahme von Rawls, zu Erwägungen über das Beste für die Gesellschaft fähig, die sie in Ansehung ihrer konkreten Position nicht treffen könnten. Sie können in dieser Lage „fair" verhandeln und zu einem Begriff von „Gerechtigkeit als Fairneß" (ebd.) kommen.

In dieser gedachten Situation würden sich, folgert Rawls, Menschen auf zwei Grundprinzipien der Gerechtigkeit einigen, nämlich „einmal die Gleichheit der Grundrechte und -pflichten; zum anderen den Grundsatz, daß soziale und wirtschaftliche Ungleichheiten, etwa verschiedener Reichtum und verschiedene Macht, nur dann gerecht sind, wenn sich aus ihnen Vorteile für jedermann ergeben, insbesondere für die schwächsten Mitglieder der Gesellschaft." (Ebd.: 31 f.)[15] Rawls ordnet diese Grundsätze in

---

[15] Vgl. auch die Formulierung: „Jede Person hat ein gleiches Recht auf ein völlig adäquates System gleicher Grundrechte und Grundfreiheiten, das mit dem gleichen System für alle anderen vereinbar ist. Soziale und ökonomische Ungleichheiten müssen zwei Bedingungen erfüllen: erstens müssen sie mit Ämtern und Personen verbunden sein, die allen unter Bedingungen fairer Chancengleichheit offenstehen,

lexikalischer Ordnung an, bei der der erste Grundsatz dem zweiten vorausgeht. „Diese Ordnung bedeutet, daß Verletzungen der vom ersten Grundsatz geschützten gleichen Grundfreiheiten nicht durch größere gesellschaftliche oder wirtschaftliche Vorteile gerechtfertigt oder ausgeglichen werden können." (Rawls 1993: 82) Menschen können daher nach Rawls Theorie keinen Austausch von Rechten nach dem ersten und zweiten Grundsatz vornehmen – etwa derart, dass sie politische Rechte für wirtschaftliche Vorteile eintauschen.

Begründungen für Gerechtigkeit durch Sozialpolitik können an beiden von Rawls dargelegten Grundprinzipien ansetzen: Das Postulat gleicher Bürgerrechte organisiert einen Standpunkt gemeinsamer Interessen, der Institutionen danach ordnen wird, „wie wirksam sie die Bedingungen gewährleisten, die für alle gleichermaßen notwendig sind, um ihre Ziele zu verfolgen, oder danach, wie wirksam sie gemeinsamen Zielen dienen, die ebenfalls jedermann nützen." (Rawls 1993: 117) Das zweite Prinzip, auch Differenz- oder Unterschiedsprinzip genannt, nach dem Ungleichverteilungen gerecht sind, wenn sie den schwächsten Mitgliedern der Gesellschaft nützen, „besagt also, wenn alle Menschen gleich behandelt werden sollen, wenn wirkliche Chancengleichheit herrschen soll, dann müsse die Gesellschaft sich mehr um diejenigen kümmern, die mit weniger natürlichen Gaben und in weniger günstige Positionen geboren werden. Der Gedanke ist der, die zufälligen Unterschiede möglichst auszugleichen." (Rawls 1993: 121) Rawls versteht die Anforderungen, die sich aus dem Unterschiedsprinzip ergeben, als Konkretisierungen des Grundsatzes der Brüderlichkeit (vgl. ebd.: 126). Neben einer institutionellen Ordnung lassen sich daraus auch individuelle Verhaltensorientierungen gewinnen, die letztlich alle Bestandteile einer größeren Fairness im sozialen Miteinander darstellen.

Rawls Werk hat eine unübersehbare Flut von Erwiderungen ausgelöst. Ein zentraler Einwand wurde bezüglich des in seiner Theorie unterstellten „uneingebetteten" (*unencumbered*) Selbst formuliert: Rawls unterstelle, so die Kritik, einen Personenbegriff,

---

und zweitens müssen sie zum größten Vorteil der am wenigsten begünstigen Mitglieder der Gesellschaft sein." (Rawls 1994: 261)

der seiner sozialen Bezüge und dadurch geprägter Normen fälschlich enthoben sei (Sandel 1982; zusammenfassend Forst 1996: 23 ff.). Die Debatte über diese Kritik führte zum einen zu einer verstärkten Unterscheidung zwischen verschiedenen Personenbegriffen, die Rawls nicht klar genug geschieden hatte. Komplementär, aber nicht identisch, seien moralische Person[16] und Rechtsperson: Moralische Personen sind „Autoren und Adressaten moralischer Normen; Staatsbürger sind Autoren und (als Rechtspersonen) Adressaten von Rechtsnormen" (Forst 1996: 288). Beide sind für unterschiedliche Bestandteile der beiden Grundprinzipien der Gerechtigkeit, die Rawls bestimmt hatte, verantwortlich: Während moralische Prinzipien die Grundstruktur gleicher Rechte und Freiheiten einer politischen Gesellschaft bilden und damit moralische Personen als Adressaten gleicher Freiheitsrechte und Grundpflichten konstituieren, müssen die Verteilungsregeln sozialer Grundgüter im Rahmen einer rechtlichen Gemeinschaft diskutiert und gerechtfertigt werden.

Zum anderen wurde im Zusammenhang mit dieser Diskussion die später als „Kommunitarismus" bezeichnete Position stark gemacht, dass moralische und Gerechtigkeitsvorstellungen immer nur im Kontext einer spezifischen politischen Gemeinschaft bestimmt und somit nicht universal sein können. Der „Kontextvergessenheit" des Liberalismus wurde so die „Kontextversessenheit" des Kommunitarismus entgegengestellt (vgl. Forst 1996: 15). Eine vermittelnde Position, die auch Rawls selbst in späteren Arbeiten einnimmt, relativiert seine ursprüngliche Theorie insofern, als diese nun explizit auf den demokratischen Verfassungsstaat bezogen wird und ihre Konkretisierung in einer politischen Gemein-

---

[16] Mit dem Begriff der „moralischen Person" nimmt Rawls eine bestimmte theoretische Perspektive auf das liberale Selbst ein. Während die „Rechtsperson" Mitglied einer Rechtsgemeinschaft ist (und als solche Rechte und Pflichten hat), sind „moralische Personen" Teil einer moralischen Gemeinschaft und durch zwei Dinge gekennzeichnet: „Erstens sind sie einer Vorstellung von ihrem Wohle (im Sinne eines vernünftigen Lebensplanes) fähig (und haben ihn auch); zweitens sind sie eines Gerechtigkeitssinns fähig (und haben ihn auch), eines im allgemeinen wirksamen Wunsches, die Gerechtigkeitsgrundsätze anzuwenden und nach ihnen zu handeln, jedenfalls in einem gewissen Mindestmaß." (Rawls 1993: 548; vgl. auch 608). Vgl. zu dem Begriff im Übrigen auch das erstmals 1925 erschienene Werk „Die Gabe" von Marcel Mauss (1968: 21 f.).

schaft erfahren muss. Innerhalb einer solchen Kultur gebe es, so Rawls, einen „gemeinsamen Bestand implizit anerkannter Grundgedanken" (Rawls 1994: 262), einen „übergreifenden Konsens", „das heißt die gemeinsamen intuitiven Gedanken, die sich, in eine politische Gerechtigkeitskonzeption eingearbeitet, als ausreichend erweisen, einen gerechten Verfassungsstaat zu garantieren." (Ebd.: 286) Nach dieser neueren Version rückt der Urzustand in den Rang eines „Darstellungsmittels" (ebd.: 272) zurück; die konkreten Gerechtigkeitsprinzipien einer Gesellschaft werden jedoch in den Diskursen einer politischen Gemeinschaft interpretiert und konkretisiert (vgl. Forst 1996: 222).[17]

Die Gerechtigkeit sozialpolitischer Umverteilung lässt sich demnach in einem Stufenmodell moralischer und rechtlicher Grundprinzipien begründen: Vernünftigerweise einigen sich Menschen erstens als moralische Personen auf eine Struktur der Gerechtigkeit, die allen gleiche Grundrechte und -pflichten auferlegt und somit die Gleichheit der Bürger als Grundstruktur einer Gesellschaft verfügt. In einem gedachten Urzustand und hinter dem Schleier des Nichtwissens werden sich Menschen zweitens vernünftigerweise auf ein Prinzip einigen, nach dem soziale und ökonomische Ungleichheiten nur dann gerecht sind, wenn sie mit einer Vergabe von Ämtern verbunden sind, die allen gleiche Chancen bei der Besetzung zubilligen, und wenn sie zum Vorteil der schwächsten und ärmsten Mitglieder einer Gesellschaft sind. Die Konkretisierungen dieses Prinzips erfolgen in konkreten politischen Gemeinschaften und müssen von den Bürgern als Rechtspersonen vor dem Hintergrund ihres übergreifenden Konsenses ausgehandelt und begründet werden.

---

[17] Vergleiche hierzu auch die Position von Marshall: „Wohlfahrtsentscheidungen sind also ihrem Wesen nach altruistisch. Sie müssen sich auf Wertmaßstäbe beziehen, die in einem autonomen ethischen System verkörpert werden, das, obwohl es integraler Bestandteil der gegenwärtigen Zivilisation ist, weder das Produkt der Summierung individueller Präferenzen (wie etwa im Markt), noch das eines hypothetischen Mehrheitsbeschlusses ist. Es ist unmöglich, genau festzustellen, wie diese ethischen Maßstäbe in einer Gesellschaft entstehen und wie sie von ihren Mitgliedern anerkannt werden. Ein völliger Konsens ihnen gegenüber, sieht man einmal von der Hingabe einer religiösen Gemeinschaft ab, ist nicht vorstellbar. Auf der anderen Seite wäre aber ohne die Grundlage eines beinahe-Konsens keine allgemeine Wohlfahrtspolitik möglich." (Marshall 1992b: 116)

2.2.2 Ernst Tugendhat: Gerechtigkeit als Konkretisierung der Menschenrechte

John Rawls umfassendes Gerechtigkeitskonzept für politische Gesellschaften auf der Basis einer für vernünftigerweise unstrittig erklärten moralischen Ausgangsposition reflektiert vor allem die normativen Grundlagen von Gerechtigkeit. Demgegenüber ist Ernst Tugendhats Anliegen pragmatischer: Er fordert Gerechtigkeit im Sozialstaat als Konkretisierung der Menschenrechte. Tugendhat setzt hierzu bei der Kritik an liberalen Einwänden gegen eine sozialstaatliche Intervention an. Diese beruhen, so Tugendhat, auf der falschen Annahme einer Wirtschaftsgesellschaft von Kleinproduzenten, in der jeder für sich selbst sorgt. Dies entspricht jedoch „im Kapitalismus nicht der Wirklichkeit. In ihm führt die negative Freiheit einiger zu Machtverhältnissen und daher zu einer Einschränkung der positiven Freiheit der anderen." (Tugendhat 1993: 389) Zudem stimme es nicht, dass jeder über die gleichen Ausgangsbedingungen verfüge, vielmehr „befinden sich die Produktionsmittel von vornherein in den Händen einiger, und die Entfaltungsmöglichkeiten jedes Menschen hängen davon ab, in welcher Familie er geboren wurde." (Ebd.) Auf diese Feststellung allerdings mit der Forderung nach einer egalitären Verteilung zu reagieren, steht vor dem Problem, dass die Zubilligung neuer Rechte alte Rechte verletzt und dass einer moralisch begründeten Argumentation für eine egalitäre Verteilung utilitaristische Effizienzüberlegungen entgegengehalten werden können, die Gerechtigkeitsargumente überwiegen können.

Tugendhat schlägt daher eine *eingeschränkte* Anwendung der Gerechtigkeitsidee vor: „Ist erst einmal zugestanden, daß die Anwendung der Idee der Gerechtigkeit auf die Gesamtheit der materiellen Güter einer Gesellschaft nicht von vorneherein von der Moral der gleichen Achtung geboten ist, könnte sich die Alternativmöglichkeit der Institutionalisierung einer Minimalgerechtigkeit nahelegen. Und als solche bietet sich ein starkes Konzept der Menschenrechte an, das insbesondere die ökonomischen Rechte einschließt und das Recht auf gleiche Ausgangsbedingungen, wie gleiche Bildungschancen und die Abschaffung des Erbrechts." (Ebd.)[18]

Tugendhat begreift dabei das Konzept der Menschenrechte als ein Konzept auf zwei Stufen, einer qualitativen und einer quantitativen: In qualitativer Hinsicht sichern Menschenrechte allen Menschen die Rechtspositionen zu, die in den so genannten ‚negativen Freiheitsrechten' zum Ausdruck kommen und Abwehrrechte bzw. individuelle Schutzrechte gegenüber dem Staat wie Meinungs-, Glaubens- oder Pressefreiheit einschließen. Auf der quantitativen Stufe fasst Tugendhat die ökonomischen Menschenrechte, die allen Bürgern das Recht auf ein minimales Auskommen sichern, „das heißt auf materielle Güter sowie auf die Chancen, sie zu erwerben (wie das Recht auf Arbeit), und auf diejenigen Leistungen, die mit ihnen erworben werden können (wie ärztliche Betreuung usw.)." (Ebd.: 390) Ökonomische Menschenrechte sind zwar im Gegensatz zur dynamischen Forderung nach mehr Gerechtigkeit lediglich statisch (vgl. ebd.: 391), stellen aber durchaus eine politisch durchsetzungsfähige Alternative zu einer moralischen Argumentation nach distributiver Gerechtigkeit dar, in die auch sozialpolitisches Handeln – im Sinne innerstaatlicher wie transstaatlicher Solidaritätspflichten – normativ eingebettet werden kann. Sie ersetzen aber die Forderung nach umfassender Gerechtigkeit nicht: dieser Horizont bleibt offen.

2.2.3 Wolfgang Kersting: Legitimierung des Sozialstaates im Rahmen des Grundgesetzes

Wolfgang Kersting geht in einer kleinen Schrift über „Rechtsphilosophische Probleme des Sozialstaats" (Kersting 2000) von der Feststellung aus, dass die moderne Rechts- und Staatsphilosophie zwar die Begründung und Begrenzung von Herrschaft als zentrale Aufgaben angesehen und damit Rechtsstaat, Verfassungsstaat und Demokratie begründet habe, der „letzte große Entwicklungsschritt zur Sozialstaatlichkeit [...] jedoch weder durch die Theorie vorbe-

---

[18] Letzteres mag verwundern. Tugendhat argumentiert aber, dass für das Erbrecht zumeist utilitaristische Argumente angeführt werden: „Die Möglichkeit, seinen Besitz an seine Kinder zu vererben, sei ein notwendiger Anreiz für seinen Erwerb und damit für die Produktion; seine Ungerechtigkeit steht jedoch außer Zweifel." (Tugendhat 1993: 389)

reitet noch begründet worden [ist]." (Kersting 2000: 8) Leidenschaftlich sei für die Verbesserung der Demokratie und den Ausbau der Bürgerrechte gestritten worden, doch „der mit der sozialstaatlichen Ausweitung des staatlichen Aufgabenkatalogs verbundene und durch die interne sozialstaatliche Verteilungsdynamik und die zunehmenden Regulationserfordernisse zudem unaufhörlich ansteigende Machtzuwachs des Staates" (ebd.) habe keine philosophische Aufmerksamkeit erfahren. Kersting will zu dieser Diskussion keinen allgemein-philosophischen Nachtrag liefern. Vielmehr stellt er sich konkret das Problem, wie die Legitimität des Sozialstaates im Kontext der Offenheit der sozialen Grundrechte im Grundgesetz begründet werden kann. Denn das Grundgesetz unterscheidet soziale Grundrechte in doppelter Hinsicht von anderen Grundrechten: Sie sind nicht einklagbar, sondern stehen unter dem Vorbehalt von Finanzierungsmöglichkeiten und sind im Gegensatz zu den klassischen Abwehrrechten auch keine „absoluten Jedermannsrechte" (ebd.: 10) in dem Sinne, dass jeder ebenso jederzeit Recht auf soziale Unterstützung hätte wie beispielsweise auf körperliche Unversehrtheit. Gleichwohl seien aufgrund ihrer grundgesetzlichen Festlegung und Unaufhebbarkeit soziale Grundrechte nicht minderwertiger als andere.

Eine für seine Argumentation entscheidende Setzung nimmt Kersting mit der Feststellung vor, dass der Sozialstaat über keine eigenständige moralische Quelle der Legitimität verfüge. „Fraternité ist kein Rechtsbegriff" (ebd.: 15), so Kersting, und deshalb fordert er eine „kohärenztheoretische Begründung und Ausdeutung des Sozialstaatsprinzips" (ebd.: 14). Hierunter versteht er eine Begründung des Sozialstaates, die auf rechtsstaatlichen Begründungen fußt: „Es gibt nicht hier den für Rechtsstaatlichkeit [...] und dort den für Sozialstaatlichkeit zuständigen Normensockel. [...] Wenn man der Sozialstaatlichkeit rechtsethische Statur geben und sie in einem menschen- und bürgerrechtlichen Anspruchsplateau verankern will, dann darf man nicht auf ein eigenständiges Begründungsprinzip hoffen. Dann muß man vielmehr das normative Profil des Sozialstaats aus den normativen Quellen gewinnen, die für die Rechtfertigung von Rechtsstaat und Demokratie bereits bereitstehen." (Ebd.: 15) Konkret bedeutet das, dass für Kersting eine Begründung des Sozialstaats nur dann möglich ist, wenn „wir eine freiheits-, gleichheits- oder demokratiefunktionale Unerläßlichkeit des Sozialstaats nachweisen können." (Ebd.) Dies prüft Kersting im Hinblick auf die vier Möglichkeiten der Daseinsfürsorge, Freiheitsfürsorge, Demokratiefürsorge und Gleichheitsfürsorge.

Die Pflicht zur *Daseinsfürsorge* findet Kersting in einer „Schnittmenge von Menschenrecht und Mascheninteresse" (Kersting 2000: 19) begründet. Mascheninteressen sind solche, von denen „vernünftigerweise zu erwarten ist, daß sie allen Menschen grundsätzlich zu eigen sind, daß sie zur menschlichen Natur gehören" (ebd.). Hierzu zählt zuvorderst das Interesse am Leben selbst, an körperlicher Unversehrtheit und selbst bestimmter Lebensführung. Diese Interessen sind fundamental und begründen, so Kersting, nicht nur ein Recht auf die Vermeidung von Tod, Gewalt, Verletzung und Versklavung durch andere, sondern können auch durch „materielle Not und einschneidende Versorgungsmängel gefährdet sein" (ebd.: 20). Eine hinreichende Versorgung mit Gütern liegt daher im Interesse der Menschen, und eine Fürsorgepflicht des Staates, die sich auf die Sicherung der Mindestvoraussetzungen für ein menschenwürdiges Dasein bezieht, ist eine logische Forderung, die sich aus den Menschenrechten ergibt.

Freiheitsfürsorge ist demgegenüber das anspruchsvollere Ziel. Begründungen für eine sozialstaatliche Freiheitsfürsorge wurden bereits früh in der rechtsstaatlichen Diskussion verankert und gaben der Ausweitung rein formaler Rechte auf materiale Rechte wesentlichen Antrieb: „Die Freiheit ist eine wirkliche erst in dem, der die Bedingungen derselben, den Besitz der materiellen und geistigen Güter, als die Voraussetzungen der Selbstbestimmung, besitzt." (Stein 1921: 104; hier zitiert nach Kersting 2000: 21) Um also ein selbstbestimmtes Leben führen zu können, reicht eine rein subsistenzerhaltende Fürsorge nicht aus, wie sie vom Prinzip der Daseinsfürsorge gedeckt wird; eine dem Freiheitsprinzip eingeordnete Begründung der Sozialstaatlichkeit kann sich nicht auf die biologische Erhaltung beschränken, sondern muss in deutlicher materialer Differenz zu diesem Anspruch auch ein Maß an faktischer Freiheit gewährleisten, „das Menschen brauchen, um handeln und das Leben einer Person führen zu können." (Kersting 2000: 24) Freiheitsfürsorge ist eine staatliche Pflicht, die sich nach Kersting direkt aus dem Rechtsstaat selbst begründen lässt.

Anders verhält es sich mit den beiden letzten Optionen: Weder *Demokratiefähigkeit* noch *Gleichheit* sind nach Kersting taugliche Ziele sozialstaatlicher Intervention. „Nur darum sozialstaatlich am Leben gelassen zu werden, damit man sich an gesellschaftlichen Normenüberprüfungsdiskursen beteiligt, ist eine menschenrechtliche Zumutung." (Ebd.: 27) Dies ist freilich eine Zuspitzung der Forderung, der Sozialstaat müsse neben der Sicherung eines selbst bestimmten Lebens Menschen auch in die Lage versetzen, an demokratischen Prozeduren teilnehmen zu können und sich verantwortlich in die Gestaltung des demokratischen Gemeinwesens einbringen können. Gleichwohl, Kersting sieht hier keine taugliche Konzeption zur Begründung von Sozialstaatlichkeit.

Vehement wendet er sich auch gegen die Auffassung, die von Rawls stark gemacht wurde, dass der Sozialstaat Gleichheitsfürsorge zu betreiben habe. Seine zentrale Kritik formuliert Kersting an der Kategorie des Verdienstes: die Egalitaristen unterschieden, so Kersting, zwischen dem, was einem aufgrund eigenen Verdienstes gerecht gehöre, und dem, was einem Menschen zufalle, was Gegenstand der gleichheitsschaffenden Umverteilung werden müsse. Der Egalitarismus „verlangt daher wohlfahrtsstaatliches Einschreiten, eine kompensatorische Umverteilungspolitik, die die nicht-vorhandene natürliche und soziale Ausgangsgleichheit der individuellen Lebensprojekte nachträglich fingiert und die moralische Verteilungswillkür von Natur und Geschichte bricht." (Kersting 2000: 30) Jedoch sei eine trennscharfe Unterscheidung von verdienten und unverdienten, von legitimen und illegitimen Ungleichheitsursachen nicht möglich. Zudem, hier lehnt sich Kersting an die Kritik der Personenkonstruktion in der Rawlsschen Theorie der Gerechtigkeit an, müssten die Gleichheitsverfechter „auf die illusionäre Idee verfallen, einen selbstverantwortlichen abstrakten Persönlichkeitskern aus der Hülle seiner natürlichen und sozialen Vorgegebenheiten herauszuschälen." (Ebd.: 31)

Letztlich kommt für Kersting daher nur *eine* kohärente Begründung des Sozialstaates in Frage: Der Staat hat für die Freiheit seiner Bürger Sorge zu tragen und dies schließt neben der biologischen Erhaltung im Rahmen der Daseinsfürsorge auch die Befähigung zur Teilnahme am sozialen Leben, zur Handlung und zur Führung eines Lebens als Person ein.

2.2.4 Zusammenfassung

Die genannten Begründungen für eine sozialstaatliche Gerechtigkeitsverpflichtung weisen nicht nur Differenzen hinsichtlich der philosophischen Ausgangspunkte und Argumentationen auf. Sie stehen auch für unterschiedliche Leistungsbereiche sozialstaatlichen Handelns, die sich aus den gewählten Begründungsmustern ergeben. Variationen der philosophischen Argumente bestimmen auch die politische Debatte über Gerechtigkeit und dienen hier der Untermauerung von unterschiedlichen Behauptungen über die „gerechte" Grenze des Sozialstaats. Hinsichtlich der politischen Implikationen der geschilderten Argumentationen ist die egalitaristische Position Rawls die weitestreichende: Ein Sozialstaat, der die ökonomischen und sozialen Verhältnisse so gestalten will, dass die schwächsten Mitglieder von Ungleichheiten Vorteile haben, wird Erfolg nicht am Bemühen um Gleichheit, sondern am Ergebnis messen. Das anspruchsvolle Programm Rawls verlangt nicht nur eine große Eingriffstiefe sozialpolitischer Umverteilungsmaßnahmen, sondern setzt durch die Konkretion wechselseitig begründeter Ansprüche im Rahmen einer politischen Gesellschaft auch die Bereitschaft zu einer Auseinandersetzung über sozialpolitische Normen als Aufgabe der Staatsbürger voraus.

Tugendhat argumentiert bescheidener, vielleicht realistischer: Solange wir nicht in der Lage sind, einen umfassenden Horizont der Gerechtigkeit zu entfalten, bietet die geltende Konzeption der Menschenrechte eine Mindestbegründung und Mindestsicherung an sozialen und ökonomischen Rechten, die niemandem verwehrt werden können. Wenn auch Tugendhats Konzeption im Vergleich zu einem ausgebauten Sozialstaat in materieller Hinsicht minimalistisch scheint, ist sie es in einer Hinsicht nicht: Eine Fundierung des Sozialstaates in den Menschenrechten sprengt den engen nationalen Verpflichtungsrahmen und fordert eine über den Kreis der eigenen Bürger eines Staates hinausgehende praktische Ausübung von Gerechtigkeit.

Wolfgang Kerstings Argument schließlich fasst den Rahmen eng: In seiner Absicht liegt allein, aus den bestehenden Rechtsstaats- und Demokratieprinzipien auch eine Legitimation für den Sozialstaat abzuleiten. Diese Ausgangsbedingung seiner Überlegungen ist zwar scharfsinnig, doch nicht überzeugend. Denn es gibt keinen zwingenden Grund, die Sicherung von sozialer Gerechtigkeit *nicht* als eigenständige Grundnorm des Sozialstaates zu behaupten und somit die Norm politischer Selbstbestimmung, die der Demokratie zu Grunde liegt, und die Norm der rechtlichen Gleichheit, die den Rechtsstaat begründet, um ein weiteres zentrales Element anzureichern. Im Ergebnis erschöpft sich aufgrund dieser nicht zwingenden Einschränkung für Kersting die sozialstaatliche Pflicht in einer die Daseinsfürsorge ergänzenden Freiheitsverbürgung. Dies ist nicht wenig, vernachlässigt aber die von Aristoteles nicht ohne Überzeugungskraft in die Gerechtigkeitsdebatte eingeschriebene Interpersonalität von Gerechtigkeitsbeziehungen und verkürzt Gerechtigkeit auf Gleichheit. Kerstings Sozialstaat begnügt sich damit, jedem Bürger *seine* Freiheit zu sichern; für Aristoteles indessen war Gerechtigkeit ein durch Distribution und Korrektion herzustellendes Verhältnis zwischen Menschen, das Institutionen wie Bürger gleichermaßen verpflichtete, an der Herstellung eines „guten Lebens" (vgl. Nussbaum 1999) mitzuwirken.

2.3 Gerechtigkeitskriterien sozialstaatlicher Politik

Die Ausübung distributiver Gerechtigkeit erschöpft sich nicht in der Entscheidung hierfür an sich: Wenn etwas verteilt werden soll, bleibt die Frage offen, nach welchen Kriterien zu verteilen ist. Tugendhats Beispiel der Zuteilung unterschiedlich großer Tortenstücke hatte schon deutlich gemacht, dass ganz verschiedene Begründungen ins Feld geführt werden können, die potentiell konfliktiv zueinander sind. Hinzu kommt, dass sozialstaatliches Handeln seltener Verteilung (Distribution) als vielmehr Umverteilung (Redistribution) ist: Begründet werden muss daher nicht nur, warum jemand etwas bekommt, sondern auch, warum jemand anderes dafür zahlen sollte.

In der Konkretisierung von Gerechtigkeit werden daher verschiedene Perspektiven auf die zu verteilenden Güter und auf die Verteilungsregeln eingenommen.

Hinsichtlich der zu verteilenden Güter kann sich die Vorstellung der Gerechtigkeit auf die Gleichheit der Chancen, sie zu erlangen, auf das Ergebnis sowie auf die Verfahren der Verteilung beziehen. Um diese verschiedenen, aber sich nicht wechselseitig ausschließenden Perspektiven zu bezeichnen, wird von Chancengerechtigkeit, Ergebnisgerechtigkeit und Verfahrensgerechtigkeit gesprochen.

Von *Chancengerechtigkeit* ist die Rede, wenn ungeachtet der natürlichen Ausgangspositionen mittels einer gerechten Umverteilung alle in die gleiche Lage versetzt werden sollen, bestimmte Güter zu erreichen. Chancengerechtigkeit liegt zum Beispiel dem allgemeinen Schulrecht oder auch dem freien Zugang zu Hochschulen zu Grunde. Ungeachtet ihrer sozialen Herkunft soll ein allgemeines und freies Schulrecht junge Menschen in die Lage versetzen, ihre Berufschancen zu verwirklichen. Nicht nur Gleichheit, sondern auch Ungleichheit der Verteilung ist aber im Rahmen von Chancengerechtigkeit denkbar. So können spezifische Förderprogramme denjenigen zugute kommen, die andernfalls nicht über die gleichen Möglichkeiten wie andere verfügen würden: etwa wenn Mädchen in speziellen Förderprogrammen auf naturwissenschaftlich-technische Berufe vorbereitet werden oder wenn Kinder mit Schreib- und Leseschwächen besondere Förderung erfahren.

Demgegenüber setzt *Ergebnisgerechtigkeit* ein weiteres Ziel: Am Ende des Prozesses, nicht nur in der Verteilung der Ausgangspositionen, soll Gerechtigkeit herrschen. Ergebnisgerechtigkeit ist mit Egalitarismus nicht identisch. Ein gerechtes Ergebnis kann entweder in einer gleichen oder ungleichen Verteilung bestehen. Letzteres gilt dann, wenn – wie in dem Beispiel der Tortenverteilung gezeigt – wichtige Gründe für eine ungleiche Verteilung ins Feld geführt und akzeptiert werden. Gegenüber der Chancengerechtigkeit ist Ergebnisgerechtigkeit das anspruchsvollere Ziel, weil sich ihr Erfolg nicht nur an den Prozessausgangsbedingungen, sondern zugleich auch anhand der tatsächlichen Nutzung der Chancen und deren Ergebnissen messen muss.

Verfahrensgerechtigkeit ist ein grundsätzlicher Anspruch an die Durchführung von Verteilungsprozessen. Sie schließt ein, dass die Ausgangsbedingungen nicht unrechtmäßig verändert werden, dass Verfahren transparent sind und einmal vereinbarte Spielregeln nicht einseitig verändert werden. Verfahrensgerechtigkeit reicht über den Bereich der distributiven Gerechtigkeit hinaus und ist eine Anforderung, der insbesondere die Ausübung korrektiver Gerechtigkeit genügen muss.

Im deutschen Sozialstaat spielen zudem Leistungs- und Bedarfsgerechtigkeit eine große Rolle. Unter *Leistungsgerechtigkeit* wird generell eine an der Leistung orientierte Entlohnung verstanden. „Nicht die Bedürftigkeit eines Individuums bestimmt demnach über sozialpolitische Unterstützungsmaßnahmen, sondern diese bemessen sich nach den erbrachten (Vor-)Leistungen." (Edinger/Hallermann et al. 2004: 11) Leistungen und Entgelt sollen sich dabei entsprechen (Äquivalenzprinzip). Deutlich treten Leistungsgerechtigkeit und Äquivalenzprinzip z.B. in den einkommensabhängigen Beiträgen zur Rentenversicherung und den beitragsbezogenen Rentenauszahlungen hervor: Diejenigen, die höhere Zahlungen geleistet haben, erhalten später auch höhere Renten. Leistungsgerechtigkeit verfügt jedoch nur dann über eine hohe Legitimität, „wenn allen Mitgliedern der Gesellschaft wirtschaftliche Leistung tatsächlich ermöglicht wird." (Döring 1999: 15)

Allerdings ist im deutschen Sozialversicherungssystem Leistungsgerechtigkeit mit *Bedarfsgerechtigkeit* kombiniert. Bei dieser Gerechtigkeitsvorstellung werden denjenigen höhere Leistungen aus dem Sozialversicherungssystem zukommen, die aufgrund relevanter Gründe einen höheren Bedarf haben als andere. So erhalten etwa Arbeitslose höhere Beiträge aus der Arbeitslosenversicherung, die zudem ein Kind zu versorgen haben, um den zusätzlichen Bedarf zu decken. Im der gesetzlichen Krankenversicherung sind Leistungs- und Bedarfsgerechtigkeit insofern kombiniert, als Einzahlungen in die Krankenkassen bis zur Kappungsgrenze am Einkommen orientiert sind, während der größte Teil medizinischer Leistungen am Bedarf orientiert wird.

In der politischen Diskussion sind insbesondere in den letzten Jahren weitere Gerechtigkeitsvorstellungen prominent diskutiert worden: Der Begriff der *Generationengerechtigkeit* trägt dem Umstand Rechnung, dass zwischen (jüngeren) Leistungsträgern und (älteren) Leistungsempfängern eines Sozialsystems Gerechtigkeit herrschen muss, der die einen nicht über Gebühr strapaziert und den Bedarf der anderen gleichwohl deckt. Steigende Ausgaben in der Gesundheits- und Rentenversicherung, der demographische Wandel infolge steigender Lebenserwartung und sinkender Geburtenraten sowie die damit verbundenen Finanzierungsprobleme der entsprechenden Versicherungssysteme werden unter diesem Stichwort reflektiert.

Der Begriff der *produktivistischen* Gerechtigkeit hat in der neueren Diskussion über die Reform des Sozialstaates den Fokus von der individuellen auf die kollektive Wohlfahrt lenken sollen. Vertreter dieser Gerechtigkeitsidee orientieren vor allem darauf, den Anteil des Verteilbaren zu erhöhen, also die gesellschaftliche Redistributionsmasse zu vergrößern. Hierfür seien auch vorübergehende Ungleichheiten in Kauf zu nehmen. So richtig der Gedanke ist, dass eine größere Verteilungsmenge eine Voraussetzung für mehr Umverteilung ist, bleibt der Begriff der „Gerechtigkeit" im Zusammenhang mit volkswirtschaftlichem Wachstum doch fragwürdig: „Produktivistische Gerechtigkeit" ist kein Prinzip für die Regelung strittiger Ansprüche auf Umverteilung, sondern eine Aufforderung zu einer Steigerung des Bruttosozialprodukts. Dessen Wachstum ist aber keine Frage der Gerechtigkeit und wird auch nicht im Namen der Gerechtigkeit gedeihen: Maßgebliche Triebkraft eines kapitalistischen Wirtschaftssystems ist die Orientierung am Profit.

In der Bundesrepublik ist die Idee der *sozialen* Gerechtigkeit in der Bestimmung des modernen Staates als Sozialstaat enthalten und den Staatszielbestimmungen eingereiht, „d.h. unter jene Verfassungsvorschriften, die der Politik des vom Gesetzgeber konstituierten Staates eine bestimmte inhaltliche Richtung geben. In diesem Sinne bringt sie die Pflicht des Staates zum Ausdruck, für ‚soziale Gerechtigkeit' zu sorgen. Damit ist vor allem zweierlei gesagt: erstens hat der Staat dafür zu sorgen, daß jedem seiner Bürger zumindest das Existenzminimum zur Verfügung steht (wie immer dieses dann in der jeweiligen Situation zu berechnen sein mag), und zweitens wird es ihm zur Aufgabe gemacht, keine allzu große Kluft zwischen Besitz und Einkommen der verschiedenen gesellschaftlichen Schichten entstehen zu lassen." (Herzog 1988: 79f.) Dies lässt freilich einen großen Spielraum zu, der aktuell in der Diskussion über die Agenda 2010 neu ausgelotet wird. Mit den zentralen Stichworten des „Förderns und Forderns", der Betonung von Befähigung und Eigenverantwortung wird zum Ausdruck gebracht, „dass die Menschen verpflichtet sind, sich entsprechend ihrer Möglichkeiten aktiv und produktiv am gesellschaftlichen Leben zu beteiligen. Die Verantwortung des Einzelnen besteht darin, seine Chancen zu nutzen und seine Fähigkeiten bestmöglich einzubringen." (Deutscher Bundestag 2005: 6) Mit diesem Verständnis ist ein Perspektivwechsel verbunden, nach dem es nicht nur gerecht ist, den sozial Schwachen zu helfen; gerecht ist auch, dass jede und jeder einen Beitrag zur Verminderung eigener Hilfsbedürftigkeit leistet. Die Reaktionen auf diese Grundidee des „aktivierenden Staates" sind ambivalent wie das Konzept selbst, das – entsprechend seiner Herkunft aus der nach einem „Dritten Weg" suchenden englischen Sozialdemokratie – zwischen Neoliberalismus und Kommunismus schwankt. Denn das Motto „Jeder nach seinen Fähigkeiten, jedem nach seinen Bedürfnissen" ist die überzeugende Grundidee einer Solidargemeinschaft, in der alle das beitragen, was sie beitragen können, und als Gegenleistung beanspruchen, was andere ihnen geben können. Doch schlägt diese Idee in eine ideologische Überbetonung von Eigenverantwortung um, wenn die strukturellen Ausgangsbedingungen, auch das Seine beizutragen, fehlen. So wird „Fordern und Fördern" nicht gerecht, sondern zynisch klingen, wenn der eigene Beitrag zwar angeboten, doch nicht nachgefragt wird. Nicht als „Anreiz", sondern als „Bestrafung" wird das Fordern verstanden werden, wenn die Gesamtwirtschaft für den eigenen Leistungswillen und das eigene Leistungsvermögen keinen Raum bietet. Damit also die Verpflichtung zur Eigenverantwortung „gerecht" sein kann, müssen die Rahmenbedingungen stimmen, dieser Verantwortung auch nachkommen zu können.

Weiterführende Literatur:
Döring, Diether/Nullmeier, Frank/Pioch, Roswitha/Vobruba, Georg 1995: Gerechtigkeit im Wohlfahrtsstaat. Marburg: Schüren Presseverlag.

3 Armut und Soziale Frage

Im Lichte der historischen Armutsforschung zeigt sich die Entstehung des modernen Sozialstaates als ein Ringen um die Beherrschung eines Phänomens, das dem Mittelalter als konstanter Wegbegleiter, so unvermeidlich wie eine Naturkatastrophe, erschien: das Massenphänomen extremer Armut (vgl. Ritter 1991: 30 ff.). Mehrere Jahrhunderte vergehen, bis die mittelalterlichen Solidaritätssysteme, die auf Familien, Grundherrn und Kirchen setzten, von einer zunächst kommunalen, später staatlichen Politik fast vollständig ersetzt werden.

Die Ablösung traditionaler Solidarität im Sinne familiärer Verantwortung und christlicher Barmherzigkeit durch öffentliche Fürsorge beginnt in den mittelalterlichen Städten schon ab dem 14. Jahrhundert mit der Einführung restriktiver Bettelordnungen und setzt sich als dominante Form öffentlicher Armenpolitik bis in das 19. Jahrhundert fort. Angesichts der vielfältigen Disziplinierungs-, Diskriminierungs- und Ausgrenzungsvorgänge, die hiermit verbunden sind, ist „Fürsorge" nicht mit Wohltätigkeit in eins zu setzen. Die Armenfürsorge ist in der Regel individuell, am Bedarf und der Prüfung der Bedürftigkeit orientiert, nicht einklagbar, bald nach ihren Anfängen auch mit minderem Rechtsstatus für die Bedürftigen verbunden, der generellen Tendenz nach repressiv und insgesamt darauf ausgerichtet, die Bereitschaft zur Annahme jeder Arbeit zu jedem Lohn zu erhöhen.

Anfänge einer gesamtstaatlichen Sozialpolitik lassen sich bereits in der ersten Hälfte des 19. Jahrhunderts finden, doch führen erst die sozialen Probleme in Folge der Industriellen Revolution zu einer umfassenden sozialstaatlichen Aktivität. Erst gegen Ende des Jahrhunderts hatte die so genante *soziale Frage* „ein Gewicht erlangt, das ihre Anerkennung als genuine Staatsaufgabe erzwang. Die Bismarcksche Sozialgesetzgebung anerkannte erstmals in großem Stil, daß der Ausgleich sozialer Nöte, die sich aus einer fast grenzenlosen Ausdehnung des Marktmodells ergaben, ebenfalls eine Aufgabe des Staates sein kann." (Herzog 1988: 79) Anders als die klassische Armenfürsorge diktiert staatliche Sozialpolitik auf dem Wege des Rechts nicht nur Pflichten der Adressaten, sondern formuliert auch deren Ansprüche und baut mit institutionalisierten Versicherungssystemen ein finanzielles und rechtliches Gerüst für eine – über einen langen Zeitraum – stetig umfassender werdende Versorgung wachsender Bevölkerungsschichten.

Staatliche Sozialpolitik bricht daher mit den Prinzipien kommunaler Armenfürsorge, doch steht sie zugleich in deren Kontinuität. Der Ausbau des Systems öffentlicher Wohlfahrtspflege wird von der Kommunalisierung zur staatlichen Sozialpolitik durch Rationalisierung, Zentralisierung, Bürokratisierung und Professionalisierung geleitet und begleitet. Späte Armenfürsorge und frühe Sozialpolitik reagieren auf die Bedürfnisse des Merkantilismus und Kapitalismus, allerdings mit durchaus unterschiedlichen Akzenten: Die Armenfürsorge ist als Geschichte der repressiven Disziplinierung zur Arbeitswilligkeit und Arbeitsfähigkeit interpretierbar, wobei der Effekt nicht unbedingt nur bei den Armen und Bedürftigen selbst erzielt wurde, sondern auch bei denjenigen, die sich hüteten, zu einem Fürsorgefall zu werden. Sozialstaatliche Fürsorge hingegen „wird zum Bestandteil eines breitgefächerten, dezentralen ‚Kontrollnetzes', in dem Disziplinierung nunmehr als umfassende Rationalisierung von Lebensführung und Lebensverhältnissen, als gesellschaftliche ‚Normalisierung' verstanden werden kann." (Sachße/Tennstedt 1988: 12) Armenfürsorge und staatliche Sozialpolitik haben nach dieser Lesart eine Gemeinsamkeit darin, die gesellschaftlichen Rahmenbedingungen marktwirtschaftlicher Produktion herzustellen.

Die heutige Sozialpolitik vor dem Hintergrund ihrer historischen Anfänge in der Armenfürsorge und beginnender sozialstaatlicher Aktivitäten zu betrachten hat jenseits der wichtigen Frage von Kontinuität und Wandel in den Formen öffentlicher Verantwortung für die Bedürftigen zwei weitere wichtige aktuelle Begründungen: Erstens wurde am Ende des 19. Jahrhunderts in den meisten europäischen Staaten der Ausbau zu den heutigen, umfassenden Sozialstaaten begonnen. Vor dem Hintergrund der je spezifischen Zielsetzungen und gewählten Formen von Sozialpolitik lassen sich bis heute Unterschiede in den europäischen Sozialsystemen plausibel erklären. Zweitens liegt es nahe, dass die durch den Wandel einer spezifischen Gesellschaftsstruktur hervorgebrachte soziale Frage sich im Laufe der Zeit ändert. Die Probleme der entstehenden Industriearbeiterschaft des 19. Jahrhunderts sind daher nur begrenzt auch die Probleme der gegenwärtigen Gesellschaft. Leicht verständlich scheint daher, dass sich die alte soziale Frage in eine neue soziale Frage verwandelt. Sozialpolitische Probleme ergeben sich aus dieser Änderung, weil die sozialen Sicherungssysteme in besonders starkem Maße der so genannten „Pfadabhängigkeit" unterliegen (Conrad 1998; Rose/Davies 1994). Und doch haben sich die sozialen Probleme verändert. Die Pfadabhängigkeit der Sozialpolitik bei gleichzeitigem Wandel der sozialen Frage stellt daher ein Problem insbesondere für die Frage möglicher Innovationen der Sozialpolitik dar. Sie wirft die Frage auf, ob die tradierten Reaktionsmuster auf ein bestimmtes Bündel sozialer Probleme an ein anders gelagertes Feld gesellschaftlicher Probleme angepasst werden können. Historische Kenntnisse früherer Problemkonstellationen und ihrer spezifischen Lösungen schärfen daher den Blick für aktuelle Umbaunotwendigkeiten und damit verbundene Schwierigkeiten.

Das Kapitel gliedert sich in vier Abschnitte: Zunächst wird in Abschnitt 3.1 ein Überblick über die historischen und heute gebräuchlichen Definitionen von Armut gegeben. Die Entwicklung der kommunalen Armenfürsorge, die seit dem Mittelalter an die Stelle der Barmherzigkeit christlicher Nächstenliebe eine systematische Bürokratisierung, Disziplinierung, Rationalisierung und Kommunalisierung der Armenpflege setzte, ist Gegenstand von Abschnitt 3.2. Im 19. Jahrhundert gerät diese Form der Armenfürsorge aufgrund des industriellen Wandels und einer neuen Form armer Überbevölkerung in die Krise (3.3). In der hier entstehenden sozialen Frage (3.4) werden die Probleme gebündelt, die schließlich am Ende des Jahrhunderts den Ausschlag für eine staatliche Sozialpolitik geben (Kap. 4).

3.1 Definitionen von Armut

Die Debatte um die Definition von Armut ist bis heute nicht abgerissen. Das intuitive Verständnis darüber, wer arm ist und daher der Hilfe bedarf, das dem Spender privater Almosen als Begründung ausreicht, genügt den Ansprüchen öffentlicher Fürsorge nicht, die zwischen berechtigten Empfängern und Nichtberechtigten unterscheiden können will. Die Einführung öffentlicher Fürsorgeeinrichtungen ist daher früh von dem Anliegen begleitet, Armut kategorial zu erfassen. Zwei unterschiedliche Folgerungen sind mit dem Versuch jeder Armutsdefinition seither untrennbar verbunden: die statistische Erfassung der Armen und eine explizite oder implizite Behauptung der Legitimität ihres Anspruchs auf Hilfe.

Der frühmittelalterliche Begriff der Armut ist von der feudalen Ständeordnung bestimmt. Arm (pauper) ist der, der nicht mächtig (potens) ist. Armut ist also nicht durch den Mangel an materiellen Reichtum gekennzeichnet, „sondern davon, ob man an der Macht, am gesellschaftlichen Ansehen, an den Privilegien teil hat oder nicht." (Geremek 1991: 28) Auch das in der frühchristlichen Lehre verankerte Ethos von Armut folgt einer nichtmateriellen Bestimmung. An der Jahrtausendwende ist Armut ein geistiger Wert, der auf Demut, Entsagung und vor allem Freiwilligkeit beruht. Komplementär zur Armutsdoktrin galt aber auch die Pflicht zur Barmherzigkeit. Die Doktrin von selig machender Armut einerseits und heilssichernder Mildtätigkeit andererseits konstruiert einen zwar in der Lehre unauflösbaren Gegensatz zwischen dem Weg der Armut und dem Weg der Barmherzigkeit, der Besitz voraussetzt, doch in der Praxis ist diese „Arbeitsteilung" bei der Sicherung des eigenen Heils durchaus funktional: Während die einen ihr Heil in der Armut suchen, finden die anderen ihres in der Großzügigkeit als Spender, die sich in einer Vielzahl karitativer Stiftungen des 11. und 12. Jahrhunderts niederschlägt.[19]

---

[19] Zudem enthält das Lob des Almosens nicht nur die „Erlösungschance für die Reichen, sondern es sanktioniert auch den Reichtum, ist dessen ideologische Rechtfertigung" (Geremek 1991: 27).

Die materielle Dimension von Armut kommt ab dem 12. Jahrhundert in einer Differenzierung innerhalb der christlichen Armutslehre zum Ausdruck, die zwischen freiwilliger Armut, *pauperes cum Petro*, und unfreiwilliger materieller Not, den *pauperes cum Lazaro*, unterscheidet, wobei zwar beide Gegenstand der Nächstenliebe sein sollten, doch freiwillige Armut ein ungleich höheres Ansehen genießt. Zeitgleich werden auch erste Ansätze einer Infragestellung der Legitimität von Unterstützungsansprüchen in die Diskussion eingeführt. Ausdruck der wachsenden Sorge vor der gesellschaftlichen Bedrohung, die von den Armen ausgeht, wird u. a. die Unterscheidung zwischen „ehrlichen" und „betrügerischen" Bettlern (Ritter 1991: 32 f.).

Mit der Einführung öffentlicher Fürsorge wird der mittelalterliche Begriff von Armut präzisiert wie überhaupt erst zu diesem Zeitpunkt eine Erfassung der Lebenslagen sozialer Gruppen zum Problem wird und soziographische Daten erhoben werden (Zeisel 1960: 113). Unter den verschiedenen Dimensionen von Armut gewinnt die materielle Mangelsituation nun an Bedeutung: „Während es anfangs scheint, als bezeichnete er alle, die nicht zu den privilegierten Eliten der Feudalgesellschaft gehören, wird der Begriff immer stärker auf diejenigen beschränkt, deren Existenz auf dem Almosen und der Sozialfürsorge beruht." (Geremek 1991: 64) Seit dem hohen Mittelalter tritt neben Armut als Statusbezeichnung ein sozioökonomisches Verständnis, „Armut als Besitzlosigkeit." (Sachße/Tennstedt 1980: 27) Dabei werden zwei Stufen der Armut unterschieden, eine primäre Armut, die die Grenze bezeichnet, unterhalb derer das *Existenzminimum* nicht mehr gewährleistet ist, und eine sekundäre Armut, die eine Grenze bezeichnet, unterhalb derer eine *standesgemäße Lebensführung* nicht mehr möglich ist. Ergänzend tritt der Begriff der *Bedürftigkeit* hinzu, mit dem zugleich die Grenze für die gesellschaftliche Unterstützungspflicht gezogen wird. Alle drei Aspekte von Armut – Sicherung des Existenzminimums, standesgemäße Lebensführung und Kriterien der Bedürftigkeit gesellschaftlicher Unterstützung – leben in den heutigen Verständnissen von Armut fort, wenn auch teilweise mit anderen Bezugspunkten.

Für eine am Existenzminimum orientierte Bestimmung hat sich der Begriff der *absoluten Armut* durchgesetzt. Die Antwort scheint leichter zu sein als sie ist, denn wie wird das existenzielle Lebensminimum definiert? In einer Studie zu den ökonomischen und sozialen Lebensbedingungen der Arbeiter in der Stadt York, die zu Beginn des 20. Jahrhunderts von Seebohm Rowntree durchgeführt wurde, werden die Probleme einer Bestimmung des Existenzminimums schnell deutlich. Rowntree beginnt zunächst mit einer empirischen Erfassung des Einkommens, wobei 11.560 Familien, etwa zwei Drittel der Gesamtbevölkerung von York, persönlich befragt werden. Die notwendigen Ausgaben werden sodann in einem aufwändigen Verfahren bestimmt. Dabei geht Rowntree von den in seiner Zeit aktuellen ernährungswissenschaftlichen Aussagen über den notwendigen Kalorienverbrauch aus, überlegt, welche Art von Essen diesen Verbrauch decken würde und welche Kosten dadurch verursacht werden. Hinzu gezählt werden die tatsächlichen Ausgaben für Miete und elementare Kosten für Kleidung und ähnliches. Als notwendig werden jedoch nur die Ausgaben betrachtet, die für das physische Überleben unabdingbar sind – Ausgaben für die Beteiligung am sozialen Leben oder Bildung sind dabei ebenso ausgeschlossen wie etwa Reisen, Erholung oder Luxusgegenstände. Aus der Differenz zwischen dem tatsächlichen Einkommen und den für das physische Überleben notwendigen Ausgaben gelangt Rowntree zur Bestimmung einer „poverty line", einer Grenze absoluter Armut. Das Ergebnis ist bestürzend: Anfang des Jahrhunderts liegen 15 Prozent der Arbeiterklasse von York nach dieser Erfassung unter der Grenze absoluter Armut, weitere 30 Prozent überschreiten diese Grenze nur geringfügig (vgl. Rowntree 1902).

Diese Form der Armutsbestimmung gerät ab der Mitte des 20. Jahrhunderts zunehmend in die Kritik. Folgeuntersuchungen, die Rowntree 1941 und 1951 durchführte, hatten ergeben, dass England die Armut besiegt habe – eine Feststellung, die Peter Townsend zu Beginn der 60er Jahre zu einer Revision des Konzeptes der Armutsmessung bewog. Er hält der Erfolgsgeschichte der Bekämpfung absoluter Armut entgegen, dass der Augenschein dagegen spräche und Armut unzureichend bestimmt sei, wenn sie nur an die physische Existenz gekoppelt sei. Unter Berufung auf Adam Smith und Alfred Marshall, die schon früher darauf hingewiesen hatten, dass neben dem physischen Überleben auch das soziale

Leben gesichert sein muss, fordert Townsend eine Konzeption *relativer Armut*. Nicht nur, so Townsend, seien die ernährungswissenschaftlichen Grundlagen fragwürdig, auch müsse Armut relativ zum eigenen Standard, relativ zur gesellschaftlichen Weiterentwicklung sowie im internationalen Vergleich betrachtet werden und außerdem die nichtmonetären Aspekte einbeziehen (vgl. Townsend 1962).

Eine Messung relativer Armut, die an den sozialen Standards der gesellschaftlichen Umgebung orientiert wird, ist allerdings ebenfalls nicht unproblematisch. Nicht erfassbar werden hierbei gesamtgesellschaftlicher Rück- oder Fortschritt. So entgeht eine Verschlechterung von Lebensbedingungen dieser Forschungsperspektive dann, wenn es der Gesellschaft etwa infolge einer Depression oder Krise insgesamt schlechter geht. Umgekehrt erscheint auch ein Anstieg des gesellschaftlichen Reichtums nicht unbedingt als Erfolg in der Bekämpfung von Armut, weil einige relativ immer weniger zur Verfügung haben als andere. „Wird Armut als relativer Anteil zum Einkommensmittelwert definiert, so impliziert dies, dass ein gesamtwirtschaftliches Wachstum und eine damit verbundene Wohlstandsmehrung nicht unbedingt zu einem Rückgang des Anteils des unteren Einkommensbereiches führen. Ausschlaggebend ist, wie dieser Zuwachs verteilt wird. Da bei diesem Konzept immer die Einkommensposition relativ zum Mittelwert betrachtet werden, kann dieser Anteil nur sinken, wenn Personen unterhalb des Mittelwertes prozentual überdurchschnittlich von der Wohlstandsmehrung profitieren." (BMAS 2001a: 24)

Ein anderes Argument gegen eine rein relative Armutsmessung hat Armatya Sen stark gemacht: Bei aller Relativität gibt es dennoch absolute Armut. Relativ weniger zu haben als andere, so Sen, sei zu unterscheiden von dem absoluten Mangel an Lebensressourcen, der einen Menschen von der Teilhabe am Leben ausklammert, ihn von der Gesellschaft entkoppelt. Er fordert daher eine Rückkehr zu den Konzepten absoluter Armutsmessung, doch sollte diese nicht am Einkommen, sondern an der Fähigkeit, „ohne Scham zu leben" (Sen 1983: 163), festgemacht werden. Obwohl Sen daher die Messung absoluter Armut wieder einfordert, sieht er dennoch eine klare Verbindung zwischen beiden Konzepten: „Absolute deprivation in terms of a person's capabilities relates to relative deprivation in terms of commodities, incomes, and resources." (Sen 1983: 153)

Für die Messung von Armut haben sich in Folge dieser Debatten heute *mehrdimensionale Ansätze* durchgesetzt. Der Human Development Index des United Nation Development Program (UNDP) bezieht zum Beispiel in seine internationalen Armutsmessungen die Möglichkeit, ein langes und gesundes Leben zu leben, und die Möglichkeit, Wissen zu erwerben, ebenso ein wie ökonomische Rahmenbedingungen und die Bedingungen für eine Beteiligung am sozialen Leben (UNDP 1999). Ähnlich verfährt auch der Armutsbericht der Bundesregierung, der 2001 erstmals veröffentlicht wurde, indem er bestimmt: „Armut bezieht sich [...] auf die Ungleichheit von Lebensbedingungen und die Ausgrenzung von einem gesellschaftlich akzeptierten Lebensstandard." (BMAS 2001a: 7)

Ohne Frage erschwert es die Messung von Armut, wenn unterschiedliche Aspekte mit teilweise schwer zu beziffernden Werten in die Definition von Armut aufgenommen werden. Ebenso fraglos ist aber, dass ein mehrdimensionaler Armutsbegriff am ehesten geeignet ist, miteinander verknüpfte Dimensionen eines Lebens in Armut – die Sorge um die physische Existenz, Ausschluss vom gesellschaftlichen Leben, objektive und subjektive Diskriminierungen und psychische Verletzungen, das Gefühl des Überflüssigseins und die Behandlung als Überflüssiger – zu begreifen. Einen Begriff, der diese Dimensionen eines Lebens in Verwundbarkeit gut fasst und der deutlich macht, dass die Sicherheit, nicht arm zu werden, trügerisch ist, hat der französische Soziologe Serge Paugam wieder[20] in die Diskussion gebracht: Prekarität. Dieser Ausdruck dient als Sammelbegriff für all die Gefährdungslagen, die zu Ausgrenzung führen können. Die Stärke des Begriffs liegt in der Ambivalenz, die der Angst vor dem Prozess einer auf vielen Wegen voranschreitenden Ausgrenzung entspricht. Prekarität ist eine „Kumulation von Handicaps" (Paugam 1998: 134) und bezeichnet nach dieser Interpretation die Angst einflö-

---

[20] Robert Castel zitiert E. Buret, De la misère de classes laborieueses en France et en Angleterre, 1840, folgendermaßen : Buret „erwähnt auch die große Prekarität – der Begriff taucht explizit auf –, die mangelnde Qualifikation nach sich zieht" (Castel 2000: 195).

ßende Vielfalt der Möglichkeiten, von der gesellschaftlichen Teilhabe ausgeschlossen, mehr noch, von der gesellschaftlichen Normalität entkoppelt zu werden. Die „Spirale der Prekarität" mündet in einen Mangel an Ausstiegsmöglichkeiten aus dem unfreiwilligen Ausstieg infolge der Dynamik und Mehrdimensionalität von Ausgrenzungsbedrohungen (vgl. Paugam 1998, 2002; Gallie/Paugam et al. 2002). In seiner Analyse der französischen Gegenwartsgesellschaft kommt Bourdieu zu dem Schluss: Prekarität ist überall (Bourdieu 1998).

Weiterführende Literatur:
Kronauer, Martin 2002: Exklusion. Die Gefährdung des Sozialen im hochentwickelten Kapitalismus. Frankfurt am Main/New York: Campus.

3.2 Armutsbekämpfung und Armenbeherrschung

Dem frühmittelalterlichen Verständnis von Armut, das sowohl in der ständischen Ordnung als auch in der christlichen Barmherzigkeitslehre verankert war, entspricht ein angemessener Platz der Armen in der Gesellschaft. Bis ins 14. Jahrhundert hatte „die Agrargesellschaft des Westens keine besonderen Schwierigkeiten mit denjenigen, die sich entschlossen, von Unterstützung zu leben. Schließlich war es ja Aufgabe der Kirche, den Armen zu helfen, wofür regelmäßig ein Drittel oder Viertel der kirchlichen Einkünfte bestimmt war" (Geremek 1991: 23). Trotz der spätestens im 12. Jahrhundert einsetzenden kritischen Diskussion über einen Mangel an Moral und Ehrlichkeit der Armen sorgt das christliche Almosen- und Stiftungswesen für die Bedürftigen.[21]

Dieser Zustand beginnt sich ab dem 15. Jahrhundert in zweierlei Hinsichten zu ändern: Die Städte übernehmen nun zuneh-

---

[21] Angesichts einer mindestens fünfzigprozentigen Armutsbevölkerung im Spätmittelalter (Dirlmeier 1978: 509 ff.) und der Not der Armen durch Massenhungersnöte (Ritter 1991: 33) scheint indessen die Auffassung sehr positiv, das Betteln sei „eine durchaus legitime Form individueller Reproduktion" gewesen, die in der mittelalterlichen Gesellschaft „keiner Ächtung unterliegt [...]. Die Armen und die Bettler sind also voll integrierte Mitglieder der mittelalterlichen Gesellschaft." (Sachße/Tennstedt 1980: 29f.)

mend eine aktive politische Rolle im Umgang mit den Armen und treten damit an die Stelle der Kirche, zugleich ersetzt die säkularisierte Armenfürsorge christliche Barmherzigkeit durch Disziplinierung und Repression.

Vorreiter eines restriktiven Umgangs mit den Armen in Deutschland ist Nürnberg, das bereits 1370 eine „Bettelordnung" erließ. Das Betteln wird danach an bestimmten Orten verboten und ohnehin nur denjenigen einheimischen Bettlern erlaubt, die seitens der Stadt eine Genehmigung hierzu haben und diese mit einem Bettlerzeichen, das sie tragen müssen, öffentlich sichtbar machen. Andere deutsche Städte folgen in der Ausübung einer restriktiven Armenpolitik, wie im übrigen auch Städte anderer europäischer Länder zur selben Zeit eine vergleichbare Politik betreiben.

Insgesamt ist die kommunale Armenfürsorge, die ab dem 15. Jahrhundert das Erbe des christlichen Almosenwesens antritt, von einer weitgehenden Rationalisierung, Kommunalisierung, Bürokratisierung und Pädagogisierung gekennzeichnet (vgl. Sachße/Tennstedt 1980: 30 ff.).

Rationalisiert wird die Armenfürsorge durch die Herausbildung von kontrollierten Kriterien der Bedürftigkeit, nach denen Unterstützung gewährt wird. Zunehmend bemühen sich die Städte auch, die für die Armenversorgung verfügbaren Finanzmittel in den eigenen Händen zu konzentrieren, indem private Stiftungen in öffentliche Hände überführt werden und die Bevölkerung durch regelmäßige Kollekten aufgefordert wird, die vordem privat vergebenen Almosen der Stadt als Mittler zur Verfügung zu stellen.

Die *Kommunalisierung* der Armenfürsorge greift einerseits die bereits in der christlichen Fürsorge vorfindbare Bevorzugung einheimischer Bedürftiger auf, indem sie das Heimatprinzip noch stärker betont. Hatte sich im christlichen Abendland „der Wohnsitz sehr früh zur Hauptvoraussetzung für die Gewährung von Unterstützung der Bedürftigen entwickelt" (Castel 2000: 46), indem die von einem Kloster oder einer Kirche zu Versorgenden auf der so genannten *matricula*, einer Liste der Bedürftigen, vermerkt waren, wird die Kopplung eines Unterstützungsanspruches an den eigenen Wohnort in der säkularen Fürsorge noch stärker systematisiert. Unterstützung wird, wenn überhaupt, den Einheimischen gewährt, Fremde werden zunehmend des Ortes verwiesen, was zum Folgeproblem einer vagabundierenden Bevölkerung führt. Andererseits muss von einer Kommunalisierung auch in dem Sinne gesprochen werden, dass nun die Kommune als öffentliche Gewalt sich der Armen annimmt.

Kommunalisierung wie Restriktionen des Bettelwesens tragen zudem zur *Bürokratisierung* und der Entwicklung spezialisierter Verwaltungsinstanzen bei. Die „,Verweltlichung' der Fürsorge [ist] nicht in dem Sinne zu verstehen [...], daß eine bereits komplett existierende öffentliche Gewalt schlicht immer neue Aufgaben von anderen gesellschaftlichen Einrichtungen übernimmt, sondern daß ‚die Obrigkeit' im Prozeß der Übernahme bestehender und der Entstehung neuer gesellschaftlicher Aufgaben sich überhaupt erst herausbildet." (Sachße/Tennstedt 1980: 34) Zur Bürokratisierung trägt zudem aber auch die Einführung von Kriterien für die Bedürftigkeit bei, die nicht nur die einzelnen Armen erst zu einer erfassbaren, sozialen Gruppe konstituieren, sondern auch einen letztlich gewaltigen bürokratischen und spezialisierten Apparat erforderlich machen, mit dem die Armen – *jeder* Arme – Gegenstand kontrollierender Aufmerksamkeit wird.

Pädagogisierung schließlich tritt an die Stelle der erwartungslosen Haltung, die mit dem Almosenwesen verbunden war: Man gab und erwartete, abgesehen von der Fürbitte für das Seelenheil des Almosengebers, keine Gegenleistungen. An die Bedürftigen werden aber seit dem 15. Jahrhundert wachsende Erwartungen hinsichtlich ihrer Arbeitsbereitschaft und ihres allgemeinen Lebenswandels gestellt. So formuliert Nürnberg in der revidierten Bettelordnung von 1478 erstmals eine Arbeitspflicht der Unterstützten. Und der Hildesheimer Rat verfügte 1504, „daß solche Leute, die nur auf den Straßen herumlungerten, eine Arbeit annehmen sollten oder andernfalls ausgetrieben würden. Ein davon Betroffener war uneingeschränkt in die Fremdheit entlassen, seine Lebensform fortan vom Herumziehen bestimmt – von einer beständigen Wanderschaft." (Kintzinger 1991: 85) Andere Städte folgen dem Beispiel, und in der Zukunft wird vor einer öffentlichen Unterstützung der Armen deren Arbeitsbereitschaft, Disziplin im Umgang mit den Versuchungen des Lebens und allgemeine Sittlichkeit ebenso geprüft wie ihre Bedürftigkeit. Letzteres öffnet schließlich den neuen Beamten der Armenfürsorge wie selbstverständlich die Türen der Ärmsten, die jederzeit auskunftspflichtig und willig sein müssen, sich öffentlicher Kontrolle und Einmischung in ihr Leben zu unterziehen. Bei diesem hier beschriebenen, ersten großen Umbruch im Umgang mit den Ärmsten ist indessen die soziale Kontrolle auf diese nicht beschränkt. Auch die almosenbereiten Bürger werden in den folgenden Jahrzehnten – nicht immer erfolgreich – aufgefordert, ihre Spendenbereitschaft nicht am „Nächsten" auszuüben, sondern die Kommune als Mittlerinstanz zu akzeptieren, die zunächst mit Kollekten, später mit einer „Armensteuer" den steigenden Bedarf an öffentlichen Fürsorgegeldern zu decken versucht.

Wie ist dieser Umbruch zu erklären, der sich von der christlichen Fürsorge zu einer weltlichen vollzieht? Wenn auch Einigkeit darin besteht, dass im 15. und 16. Jahrhundert der beschriebene Bruch im öffentlichen Umgang mit Armen stattgefunden hat, bietet die Forschung doch keine konsensuelle, sondern zwei unterschiedlich gelagerte Erklärungen an: eine sozioökonomische und eine politische (vgl. Sachße/Tennstedt 1980: 36 ff.).

Die *sozioökonomische* Deutung erklärt den Wandel in der öffentlichen Einstellung und die Entwicklung der spezifischen Armenpolitik mit dem Übergang aus der feudalen in die bürgerliche Gesellschaft, der Ausweitung der Geld- und Marktwirtschaft und dem damit einsetzenden Prozess einer neuen massenhaften Pauperisierung. Zentral an dem Übergang von der feudalen in die bürgerliche Produktionsweise ist für Marx der „historische Scheidungsprozeß von Produzent und Produktionsmittel" (Marx 1984: 742). Die Trennung des Arbeiters von den Mitteln seiner eigenen Reproduktion ist Voraussetzung der kapitalistischen Produktionsweise, denn „zur Verwandlung von Geld in Kapital muß der Geldbesitzer also den freien Arbeiter auf dem Warenmarkt vorfinden, frei in dem Doppelsinn, daß er als freie Person über seine Arbeitskraft als Ware verfügt, daß er andererseits andre Waren nicht zu verkaufen hat, los und ledig, frei ist von allen zur Verwirklichung seiner Arbeitskraft nötigen Sachen." (Marx 1984: 183) Historisch findet die Entzweiung von Produktionsmitteln und Produzenten einen frühen Anfang in den Fernhandelsstädten des Mittelalters, wo sich infolge marktwirtschaftlicher Möglichkeiten langlebige Sozialstrukturen zu ändern beginnen. Nach Braudel entwickelt sich in Europa bereits zwischen dem 11. und 13. Jahrhundert eine erste Weltwirtschaft. „Damals kommt ein bereits recht weit ausgreifender Handelsverkehr in Gang, deren Instrumente, Relaisstationen und Nutznießer die Städte sind." (Braudel 1986: 96) Entsprechend steigen im Vergleich zu der Zeit vorher und nachher die Stadtgründungen im 13. Jahrhundert in Mitteleuropa sprunghaft an. Allein in Deutschland entstehen, vor allem an den Verkehrswegen, über 3.000 neue Städte (vgl. Braudel 1986: 97). „Die Stadt des 12. Jahrhunderts lebt vom Austausch. Auf dem Markt treffen sich Handwerker und Händler, das Geld fließt. Durch Schulen und Spielleute verbreiten sich neue Gedanken, auch von weither; für den Kaufmann ist der Weg in die Ferne, selbst zum Papst nach Rom, kein Wagnis. Freilich wohnen in der Stadt auch Arme, die sich nicht einmal notdürftig [...] ernähren können und anderen zur Last fallen; sie treten nicht wie auf dem Dorf als einzelne, sondern als Gruppe auf. Und die Stadt ist eng, Steinreiche und Bettelarme begegnen einander auf den Gassen. Aber hier wirken soziale Beschwichtigungen und religiöse Sublimierungen, Armenfürsorge und Armutsbewegung." (Borst 1989: 106) Diese Städte sind zwar oft klein, doch markieren sie den Beginn einer Loslösung von der bisherigen Gesellschaftsstruktur in politischer, rechtlicher und wirtschaftlicher Hinsicht: Politisch stehen sie für die Entwicklung einer eigenen, städtischen Obrigkeit, die sich von den umgebenden Grundherren und kirchlicher Dominanz gleichzeitig zu emanzipieren sucht. Die erlassenen Ratsverfassungen erheben den Anspruch auf eine eigenständig konstruierte rechtliche Sphäre und in wirtschaftlicher Hinsicht stehen die Städte für eine Vertiefung und Ausweitung von Marktbeziehungen ebenso wie für eine beginnende Spezialisierung der Produktion. Die Konzentration gewerblicher Produktion in den Städten und die Möglichkeiten des Handels führen zur „Herausbildung einer vermögenslosen Bevölkerungsmehrheit und [der] Konzentration der großen Vermögen in wenigen Händen" (Sachße/Tennstedt 1980: 26), sie führen, mit anderen Worten, zu einer wachsenden Bevölkerungsschicht von Armen.

Dieser Prozess verläuft in verschiedenen Ländern und Regionen unterschiedlich, aber nach der sozioökonomischen Deutung können doch einige gemeinsame Merkmale identifiziert werden. Ein Ausgangspunkt ist die „Krise des 14. Jahrhunderts", die im ersten Viertel des Jahrhunderts von den gegenläufigen Tendenzen einer wachsenden Bevölkerung und einer stagnierenden Wirtschaft gekennzeichnet ist. Eine Folge des ländlichen Bevölkerungswachstums ist eine bis zur Unrentabilität betriebene Zersplitterung des bäuerlichen Besitzes mit der Gefahr ländlicher Verarmung, eine andere Folge ist eine Flucht in die Städte. Die Schwarze Pest, die in der Mitte des Jahrhunderts ein Drittel der Bevölkerung des Westens das Leben kostet, führt nicht zu einer Entlastung der Situation, sondern gibt der Krise nur eine etwas andere Richtung. Auch wenn sich ab der Mitte des Jahrhunderts die Lage der Bauern zu bessern beginnt, weil die Grundbesitzer ihre Interessen von der Landwirtschaft auf die Geldwirtschaft verlagern, daher Anbauflächen an die Bauern verkaufen oder verpachten, profitiert hiervon nur der kleine Teil der ländlichen Bevölkerung, der finanziell in der Lage ist, die eigene Landwirtschaft auszubauen. Stark ansteigend ist hingegen der Teil der ländlichen Bevölkerung, der keinen Nutzen aus den neuen Möglichkeiten ziehen kann, sondern außerstande ist, unter den geänderten Bedingungen eine selbständige Existenz weiter aufrechtzuerhalten. Zweideutig ist auch die Lage auf dem Arbeitsmarkt: Zwar steigen nach allgemeiner Auffassung infolge des Arbeitskräftemangels nach der Pest die Löhne bis ins 15. Jahrhundert an, doch weder profitieren hiervon alle abhängig Arbeitenden, noch verbessert sich notwendig auch die Kaufkraft. Hierzu trägt auch die so genannte „Revolution der Preise" im ersten Viertel des 16. Jahrhunderts bei, bei der alle Preise anziehen und sich die Überlebensbedingungen der armen Bevölkerung verschlechtern. Die sozioökonomische Erklärung findet in den Strukturveränderungen auf dem Land, dem hieraus folgenden Wandel der bäuerlichen Schichten, unzureichenden Löhnen unter den Handwerkern, wachsenden Preisen und einer wieder wachsenden Bevölkerung die Begründung für einen tatsächlichen Anstieg der Armutsbevölkerung. Zusammenfassend wird in der sozioökonomischen Perspektive die geänderte Armutspolitik im 16. Jahrhundert als Reaktion auf den Anstieg des Elends erklärt. „Die Transformationsmechanismen, die im agrarischen Bereich wie auch in dem sich allmählich erweiternden städtischen Sektor mit wechselnder Intensität und Konsequenz wirksam waren, riefen ein Elend hervor, das in qualitativer und quantitativer Hinsicht in allen früheren Epochen ohne Beispiel war." (Geremek 1991: 145)

Nach der *politischen* Sichtweise liefern die verfügbaren ökonomischen und konjunkturellen Veränderungen keinen ausreichenden Erklärungsgrund. Auch wenn dieser Anstieg der Armut immer behauptet werde, mangele es hierfür an statistischen Belegen. Und auch wenn sich nachweislich in der zeitgenössischen Literatur die Stimmen mehren, die das Bettlertum verurteilen und der „ehrlichen" Arbeit ein Loblied singen, kann dies zwar durchaus auf ein gestiegenes Armutsproblem oder aber auch nur auf eine gewandelte Gesinnung deuten. Angesichts dieser Zweifel wird daher in Frage gestellt, ob ökonomische und konjunkturelle Veränderungen ausreichende Erklärungsgründe liefern. Plausibel scheint nach dieser Lesart eher, dass spezifisch politische Gründe eine zentrale Rolle spielten, allen voran die „Entwicklung der städtischen Räte zu einer ‚Obrigkeit', zu einer eigenständigen politischen Gewalt, die sich zunehmend vom Regiment der Kirche emanzipiert und die städtischen Angelegenheiten als ‚öffentliche' immer mehr in eigener Regie übernimmt. Mit dem Begriff der ‚policey' und der ‚guten Ordnung' wird dabei der Anspruch der Räte auf Allzuständigkeit bei der Bekämpfung von Mißständen und der Ordnung des Gemeinwesens zum Ausdruck gebracht, womit zugleich gesagt ist, daß die traditionellen Institutionen mittelalterlicher Gesellschaft nicht mehr oder nur noch ungenügend in der Lage sind, die sozialen Probleme der Städte zu lösen." (Sachße/Tennstedt 1980: 37) Dieser politische Erklärungsansatz muss aber, um auch die disziplinierende und diskriminierende Stoßrichtung der Fürsorge und nicht nur ihre Säkularisierung einzubeziehen, durch ein weiteres Argument ergänzt werden. Die neue Armut entsteht in Folge zerfallender feudaler Bindungen und der Auflösung autarker Subsistenzwirtschaften; die neue Armutspolitik reagiert hierauf, indem sie an den Erfordernissen einer Gesellschaft von Lohnarbeitern ausgerichtet wird. Armenfürsorge steht daher in direktem Zusammenhang der öffentlichen Anstrengung, der wachsenden Marktwirtschaft die notwendigen Rahmenbedingungen in Form einer disziplinierten Arbeiterschaft zu verschaffen. Bettler und Arme – Vaganten – werden zum Gegenpol einer Gesellschaft, die in Fleiß, Disziplin, Arbeitsamkeit und der Einhaltung moralischer Normen die Grundlagen ihrer politischen, sozialen und wirtschaftlichen Ordnung sieht.

Die historische Kontroverse um die stärker sozioökonomischen oder stärker politischen Beweggründe scheint von außen betrachtet wenig fruchtbar, zumal sich die Argumentationen nicht grundsätzlich entgegenstehen, sondern vor allem unterschiedliche Aspekte der Entwicklung akzentuieren. Entscheidender ist, dass im 16. Jahrhundert zweifelsfrei eine deutliche Zäsur in der öffentlichen Wahrnehmung und Behandlung der Armen stattfindet, deren langfristige Bedeutung nicht in der effektiven Bekämpfung von Armut liegt, sondern in der Herausbildung von Institutionen, Umgangsweisen und Argumentationsmustern, mit denen die Armen zu einem stigmatisierten Bevölkerungsteil werden, an dem die Erziehung zur Lohnarbeit exemplarisch exerziert wird.

Dieser Trend wird im 17. und 18. Jahrhundert mit anderen Mitteln fortgesetzt. Eine erste Änderung betrifft die staatliche Gesamtverantwortung. Zwar hält auch die absolutistische Armenpolitik an dem Grundsatz fest, dass jede Gemeinde und Stadt ihre Armen selbst versorgen muss. „Nur wandelt sich dieser Grundsatz vom Prinzip originärer Selbstverwaltung zur formalen Zuständigkeitsregelung. Die Städte und Gemeinden werden in den staatlichen Verwaltungsapparat einbezogen und [von] landesherrlichen Anordnungen und Genehmigungen abhängig." (Sachße/Tennstedt 1980: 107) Inhaltlich ändert sich an der Stoßrichtung wenig – auch unter landesherrlicher Aufsicht sind die zentralen Instrumente die Armenordnungen und Bettelverbote, mit den die nicht berechtigten Armen von den Straßen vertrieben werden sollen, wobei gleichzeitig durch Almosenämter und Armenkassen die Versorgung der „wirklich" Bedürftigen sichergestellt werden soll.

Eine zweite Veränderung zeichnet sich in der Finanzierung ab, die in die Hände einer hoheitlichen Steuerverwaltung übergeht. Hierbei wird das schon früher durchgesetzte Bettelverbot durch das Verbot ergänzt, Almosen zu geben. Zuwiderhandelnde Bettler werden ausgewiesen oder ebenso wie Wirte, Bürger oder Beamte, die sich der Verfügung des Almosenverbots widersetzen oder es nicht ausreichend durchsetzen, bestraft oder in Gefängnisse gesperrt.

Die dritte Neuentwicklung dieser Zeit ist der systematische Ausbau von Zucht-, Werk- und Arbeitshäusern, die überall in Europa nach vorabsolutistischen Vorbildern entstehen. Im Prinzip handelt es sich bei diesen Anstalten um Gefängnisse, wobei die Zahl und Insassen von Anstalt zu Anstalt sehr unterschiedlich waren und ungehorsame Gesellen wie Kinder ebenso wie „liederliche Frauenpersonen" (ebd.: 122) aufnahmen. In verschiedenen Varianten dienen die Zucht- und Arbeitshäuser als Zulieferer von Arbeitskräften für die entstehenden Manufakturen, in manchen Fällen sind sie Manufakturen in Gefängnisform. Die ökonomische Bedeutung der oftmals sich nicht selbst tragenden Anstalten liegt dabei allerdings nicht in ihrem tatsächlichen Beitrag zur merkantilistischen Produktion. Auch sind die Anstalten der Größe und der Zahl nach bei weitem nicht in der Lage, einen nennenswerten Teil der Armutsbevölkerung aufzunehmen. Die ökonomische Bedeutung der Zucht- und Arbeitshäuser liegt daher vielmehr „in ihrer ‚Pionierfunktion', in ihrem Beitrag zum Aufbau und der Weiterentwicklung einer gesellschaftlichen neuartigen Produktionsform, der Manufaktur, die ihrerseits innerhalb der volkswirtschaftlichen Gesamtproduktion quantitativ noch keine allzugroße Rolle spielt. Der spezifische Beitrag der Zwangsanstalten liegt in diesem Zusammenhang in der Beschaffung und Disziplinierung der Arbeitskräfte durch staatlichen Zwang, nicht so sehr in der unmittelbaren Erwirtschaftung einträglicher Profite." (Ebd.) Vergleichbar schätzt Geremek die Bedeutung des Pariser Hôpital Général ein: „Zweck der Einschließung und des Arbeitszwanges in der Institution des Generalhospitals ist also, das Arbeitsethos durchzusetzen und durch Angst, Drohung und Gewalt zu verbreiten. Der spektakulär repressive Charakter, den die Sozialfürsorge in den modernen Zeiten annimmt, hat eine ideologische Funktion." (Geremek 1991: 267)

Kommunalisierung, Rationalisierung, Disziplinierung, Pädagogisierung kennzeichnen die Armenfürsorge bis ins 18. Jahrhundert. In diesem Prozess trennt sie „wirklich" Bedürftige und „Arbeitsscheue", errichtet die bis heute geltende Grundregel, dass Fürsorge niemals das Niveau eines „ehrlichen" Lohnes erreichen darf, führt in vielfacher Weise zu einer rechtlichen Diskriminierung von Armen und trägt damit insgesamt zur Produktion eines

„entkoppelten" (Castel) Bevölkerungsteils bei: „Das Armenrecht behandelte die Anrechte der Armen nicht als integralen Bestandteil der Rechte eines Bürgers, sondern als Alternative zu ihnen – als Ansprüche, die nur dann befriedigt werden konnten, wenn der Anwärter aufhörte, ein Bürger in jedem wahren Sinn des Wortes zu sein. Denn in der Praxis verwirkten die Armenhäusler durch die Internierung im Armenhaus ihr Recht auf persönliche Freiheit, so wie das Gesetz ihnen alle politischen Rechte nahm, die sie vielleicht besaßen." (Marshall 1992a: 49 f.) Inhaltlich richtet sich die Armenfürsorge auf die Durchsetzung von Lohnarbeit und hält trotz vielfacher Gegenbeispiele an der Grundvorstellung fest, dass Arbeit eine Alternative zu Armut ist. Eines erreicht sie nicht: die Beseitigung von Armut. Spätestens am Ende des 18. Jahrhunderts lässt sich nicht mehr leugnen, dass Armut der Begleiter von Lohnarbeit ist. Das Paradigma restriktiver Armenpolitik, das in Arbeit das zentrale Allheilmittel sah, Armut zu beseitigen und alles daran setzte, die besitzlose Bevölkerung in Lohnarbeit zu zwingen, stößt letztlich in einer veränderten sozialen Wirklichkeit des 19. Jahrhunderts an seine Grenze – die soziale Frage.

Weiterführende Literatur:
Sachße, Christoph/Tennstedt, Florian 1988: Geschichte der Armenfürsorge in Deutschland. Vom Spätmittelalter bis zum Ersten Weltkrieg. Stuttgart: Kohlhammer.

3.3 Jahrhundert des Wandels

Rückblickend fasziniert, was Zeitgenossen erschreckt haben muss: Im 19. Jahrhundert regiert gewaltiger Wandel. Es gilt, was Karl Marx und Friedrich Engels teils kritisch, teils in der Hoffnung auf politischen und sozialen Fortschritt im Kommunistischen Manifest behaupteten: „Die fortwährende Umwälzung der Produktion, die ununterbrochene Erschütterung aller gesellschaftlichen Zustände, die ewige Unsicherheit und Bewegung zeichnet die Bourgeoisieepoche vor allen anderen aus. Alle festen eingerosteten Verhältnisse mit ihrem Gefolge von altehrwürdigen Vorstellungen und Anschauungen werden aufgelöst, alle neugebildeten veralten, bevor sie verknöchern können. Alles Ständische und Stehende verdampft, alles Heilige wird entweiht, und die Menschen sind endlich gezwungen, ihre Lebensstellung, ihre gegenseitigen Beziehungen mit nüchternen Augen anzusehen." (Marx 1984: 465) Im Gegensatz zu früheren Gesellschaftsformationen, deren Dauer von der *Erhaltung* ihres Zustandes abhing, ist für Marx und Engels die neue Epoche der Bourgeoisie auf ihre eigenen *Veränderungen* existenziell angewiesen: Sie „kann nicht existieren, ohne die Produktionsinstrumente, also die Produktionsverhältnisse, also sämtliche gesellschaftlichen Verhältnisse fortwährend zu revolutionieren" (Marx 1984: 465). Nichts liegt demnach zum Verständnis des Jahrhunderts näher, als den Blick auf die Triebkräfte der Veränderungen und die von den Veränderungen Getriebenen zu richten.

Die ökonomische Entwicklung des 19. Jahrhunderts nimmt sektoral und regional sehr unterschiedliche Ausprägungen an. Bereits in der ersten Jahrhunderthälfte sind allerdings die Anzeichen einer zunehmenden Industrialisierung und Transformation der feudalen Produktionsstruktur in Kapitalismus und Marktwirtschaft unübersehbar: „Es gab hochentwickelte Gewerberegionen, die hinter den englischen Wachstumszentren dichtauf lagen. Ansätze zum modernen Großbetrieb hatten sich unübersehbar herausgebildet. Überall konnte man auf die fast tausendjährigen Traditionen eines höchst differenzierten Handwerks zurückgreifen. Eine modernisierungsfähige Landwirtschaft strebte nach niederländisch-englischem Vorbild voran. Die Verkehrs- und Handelsbeziehungen waren, wie gefährdet auch immer, gut eingespielt. Innovationslustige Unternehmer wurden nicht diskriminiert. Ein zeitgemäßes Finanz- und Steuerwesen befand sich in entwicklungsfähigem Zustand." (Wehler 1989: 25)

Die Stein-Hardenbergschen Reformen zwischen 1808 und 1812, die Gründung des Deutschen Zollvereins 1834, die Revolution von 1848, der Norddeutsche Bund von 1866 und besonders die Gründung des deutschen Kaiserreiches von 1871 förderten die Auflösung der agrarisch-ständischen Ordnung. Im Zusammenspiel von Gewerbefreiheit, Freizügigkeit, dem ab der Mitte des Jahrhunderts forcierten Ausbau von Verkehrswegen, dem Chausseebau und der kapitalintensiven Eisenbahn, der Einführung einer einheitlichen Währung und Modernisierungsprozessen in der Landwirtschaft wurden die wesentlichen Bedingungen der weitergehenden Industrialisierung geschaffen: Technik zum Einsatz großer Maschinen, das hierfür notwendige Kapital und eine verfügbare proletarische Bevölkerung als Arbeiterschaft. Basis der industriellen Revolution sind materielle Veränderungen und neues technisches Wissen: „Erstens traten mechanische Anlagen an die Stelle der menschlichen Fertigkeiten; zweitens ersetzte die unbeseelte Kraft – insbesondere der Dampf – die menschliche und tierische Kraft; und drittens wurden, speziell im Bereich der metallurgischen und chemischen Industrie, die Verfahren der Erzeugung und der Verarbeitung der Rohstoffe wesentlich verbessert." (Landes 1973: 15) Ein entscheidender Indikator und Auslöser von Folgeprozessen ist die zunehmende Verwendung fossiler Energiequellen: „Die Gewinnung von Roheisen, die Erzeugung von Stahl erforderten Energie; der Bau von Maschinen, von Lokomotiven erforderte Energie; der Einsatz von Lokomotiven im Verkehr, der Maschinen bei der Produktion erforderte Energie; der verdichtete Verkehr wiederum stieß die Nachfrage nach neuen Gütern an, zugleich auch provozierte die Verkehrsverdichtung einen weiteren Ausbau des Eisenbahnnetzes. Das wiederum steigerte die Nachfrage nach Schienen und Lokomotiven, stimulierte also wiederum die Eisen- und Maschinenproduktion. Kapital war dabei zwar auch eine wichtige Voraussetzung, aber die qualitative Neuerung, die Kraft, welche einen andauernden Wachstumsschub überhaupt erst möglich machte, lag in der massenhaften Verwertung fossiler Energiereserven." (Siemann 1997b: 95)

Die für die industrielle Produktion verfügbare *Lohnarbeiterschaft* entstand aus ganz unterschiedlichen Gründen: Bereits vor dem Beginn der Industrialisierung standen Handwerker unter enormem Konkurrenzdruck, viele von ihnen arbeiteten ohne Betriebskapital und ohne Gesellen. Die Abhängigkeit von Nebenerwerbsquellen war groß. „Überdies waren sie einseitig auf den lokalen Markt angewiesen, und ihr ökonomisches Schicksal war direkt mit der Agrarkonjunktur gekoppelt." (Siemann 1997a: 30) Die ohnehin kritische Lage vieler Handwerker verschlimmerte sich mit der sukzessiven Einführung der Gewerbefreiheit, die neben der freien Berufswahl eine Machteinschränkung der Zünfte und einen Rückzug des Staates aus der Wirtschaft bedeutete. Mag mancher Nutzen aus dem Motto „Freie Bahn dem Tüchtigen" gezogen haben, verstärkte sich doch insgesamt die Konkurrenz und trieb viele Handwerker in die Unselbständigkeit.

Ein weiterer Grund für den Anstieg abhängiger Lohnarbeiter folgte aus den preußischen Edikten über die Bauernbefreiung. Bereits das erste Edikt von 1807 hatte verfügt, dass die spannfähigen Bauern dann zu Privatbesitzern ihrer Güter werden sollten, wenn sie etwa die Hälfte ihres Besitzes an die Großgrundbesitzer abträten. Diese Regelung begünstigte nur die großen Bauern und vor allem die Großgrundbesitzer, führte aber bei kleineren Flächen zu einer ökonomisch unrentablen Betriebsgröße, die eine selbständige Existenz nicht mehr ermöglichte. Kleinbauern, die aufgrund mangelnden Landbesitzes keine Chance hatten, sich von ihren Lehnherren loszukaufen, wurden zudem 1816 von der Regulierung völlig ausgeschlossen. Sie mussten weiterhin Abgaben entrichten. Ihr Abstieg in die Armut wurde mit einer Verordnung über die Verteilung des Gemeindelandes, die so genannte Allmende, 1821 besiegelt, in dem dieses Adel und Großbauern zugesprochen wurde. Für die Kleinbauern blieb nur die Möglichkeit, arm im Dorf zu bleiben oder anderswo ihr Glück zu suchen.[22]

Zudem wuchs die Bevölkerung. Verbesserte Produktionsmethoden der Landwirtschaft, sinkende Lebenshaltungskosten, größere hygienische Kenntnisse und eine erhöhte Heiratsbereitschaft führten zwischen 1800 und 1900 zu mehr als einer Verdoppelung der Bevölkerung, insbesondere der ländlichen Unterschichten, ohne dass deren Versorgungs- und Beschäftigungsmöglichkeiten in gleicher Weise Schritt hielten. Obwohl insgesamt die landwirtschaftliche Produktion stieg, passierte dies weder überall noch kontinuierlich. Schlechte Ernten produzierten unvorstellbare Massenarmut und Hungerkrisen, „entsittlichende Armut", wie ein Zeitgenosse schrieb.

---

[22] Allerdings sind auch bezüglich der Agrarstrukturen erhebliche regionale Unterschiede zu konstatieren: So wurde die Agrarreform in Sachsen unter völlig anderen Vorzeichen als in Preußen durchgeführt. Hier war die Auflösung von Feudallasten durch die Abtretung von Boden verboten, eine Landesrentenbank erleichterte die Finanzierung durch bäuerliche Realkredite und die Bauernwirtschaft blieb vorherrschend (vgl. Wehler 1989: 35).

Eine Reaktion auf die genannten Veränderungen in der sozioökonomischen Struktur stellten umfangreiche *Wanderungsbewegungen* dar, die sich als Auswanderung oder in verschiedenen Formen der Binnenwanderung vollzogen. Ein beträchtlicher Teil der Bevölkerung wanderte im 19. Jahrhundert in das Ausland, 90 Prozent davon nach Nordamerika. Emigration wird schon zu Beginn des Jahrhunderts in den frühkonstitutionellen Verfassungen rechtlich ermöglicht, später von einigen südwestdeutschen Ländern regelrecht staatlich gefordert und gefördert und teilweise in Auswanderungsvereinen vorbereitet und organisiert. Es wird geschätzt, dass in der ersten Hälfte des Jahrhunderts etwa 7 Millionen Deutsche emigrierten (Boeckh/Huster et al. 2004: 40) und dass insgesamt im 19. und frühen 20. Jahrhundert etwa 60 Millionen Europäer in die Neue Welt auswanderten (Bade 2000: 142 f.). In Reaktion teils auf heimische Krisen, teils auf wirtschaftliche Depressionen in den USA wechselten sich Perioden verstärkter und wieder rückgängiger Migration ab. Jedoch lag „das Grundniveau an Migration, das jede Welle nach ihrem Auslaufen zurückließ, [...] fast immer signifikant über ihrem Ausgangsniveau. Es spricht daher vieles dafür, die europäische Auswanderung als eine einzige große, seit den 1820er/30er Jahren ansteigende und ihren Höhepunkt kurz vor dem Ersten Weltkrieg erreichende Welle zu begreifen, die lediglich [...] zeitweilig aufgestaut wurde" (Torp 2005: 43 f.). Politische und religiöse Gründe motivierten nur den geringeren Teil der Auswandernden, „das Streben nach sicheren Arbeitsplätzen, Selbständigkeit, Landbesitz und allgemeiner Verbesserung der Lebensverhältnisse war wohl das vorherrschende Wanderungsmotiv." (Ritter/Tenfelde 1992: 177)

Neben der Auswanderung verstärkte sich auch die *Binnenwanderung*. Die Binnenwanderer folgten erstens den Arbeitsplätzen im Eisenbahn- und Chausseebau. Mitte des 19. Jahrhunderts lebten etwa eine Million Arbeiter ohne festen Wohnsitz, viele von ihnen arbeiteten als Wanderarbeiter unter oft entwürdigenden Bedingungen im Eisenbahnbau.[23] Zweitens gab es Wohnortverla-

---

[23] „1848/49 gab es in den Staaten des Deutschen Bundes etwa 1 Mio. Arbeiter ohne festen Wohnsitz als Binnenwanderer, d.h.: mindestens 25 v. H. der Handarbeiter, Tagelöhner und Knechte aller Art hatten sich von der traditionellen, zur Armenunterstützung verpflichteten Heimatgemeinde gelöst und waren weitgehend nur durch

gerungen entweder innerhalb der Herkunftsprovinz oder des Herkunftsstaates („Nahwanderung") oder außerhalb von diesen („Fernwanderung"). Besonders nach 1870 nahm aufgrund der verbesserten Mobilitätsmöglichkeiten drittens auch das Pendlerwesen zu. Ebenso setzten sich, viertens, sowohl in der Landwirtschaft als auch in der Industrie saisonal bedingte Wanderungen fort. Nah- und Fernwanderer zog es vielfach in die Städte mit der Folge eines rasanten Städtewachstums.

Die *Städte* sind dementsprechend auch die Orte, in denen der Übergang vom Pauperismus, von dem nach 1860 gemeinhin nicht mehr gesprochen wird, zur Proletarisierung (siehe unten) seinen deutlichsten Ausdruck fand, und in denen sich die soziale Frage auf eigene, verdichtete Weise manifestierte. Zwischen 1858 und 1895 wuchs der Anteil der städtischen Bevölkerung in Preußen von knapp 30 auf mehr als 60 Prozent der Gesamtbevölkerung (vgl. Sachße/Tennstedt 1980: 179). Allein in Berlin nahm in knapp zwanzig Jahren zwischen 1871 und 1890 die Bevölkerung um mehr als das Doppelte von knapp 500.000 auf mehr als 1,1 Millionen Menschen zu (vgl. Kocka 1983: 60). Städtische Wohnungsnot, aber auch die mit der städtischen Lebensform verbundene Auflösung gesellschaftlicher Moralvorstellungen stellen im zeitgenössischen Diskurs wiederkehrende Themen dar. Hygienische Verbesserungen, etwa in der Wasserver- und -entsorgung, wurden erst spät umfassend durchgesetzt.[24]

Arbeit auf Chaussee- und Eisenbahnbaustellen existenzfähig. Dabei muß darauf hingewiesen werden, daß die Arbeits- und Lebensbedingungen der Eisenbahnarbeiter außerordentlich schlecht waren, sie waren Ausbeutungsprozessen besonderer Art unterworfen." (Sachße/Tennstedt 1980: 207) Dazu auch Kocka, der neben den Eisenbahnarbeitern auch Straßen- und Kanalarbeiter sowie Arbeiter des Transport- und Handelsgewerbes meint: „Sie waren gewöhnlich hochmobil, zogen vom Land in die Stadt und zurück, wechselten zwischen Beschäftigung und Beschäftigungslosigkeit hin und her. Viele von ihnen dürften zur untersten, ärmsten und am wenigsten angesehenen Schicht der entstehenden Arbeiterklasse gehört haben, auf der Grenze und im Übergang zum Sub-Proletariat, über das man noch wenig weiß " (Kocka 1983: 127)

[24] „Die soziale Deklassierung der Industriearbeiterschaft prägte sich insbesondere in den Wohnverhältnissen aus. In den Städten war die Trennung der Wohnbezirke in dicht bebaute Arbeiterviertel und aufgelockerte Villensiedlungen kennzeichnend. Obgleich ein ständig steigender Anteil der Arbeitereinkommen für das Grundbedürfnis Wohnen ausgegeben werden musste, waren die Wohnverhältnisse in den

Vollends beschleunigt wurde der sozioökonomische Wandel nach 1871. Kriegsentschädigungen von Frankreich in Höhe von 5 Millionen Franken, die Einverleibung der Erzvorkommen in Lothringen und der Kalilager im Elsass, technische Entwicklungen in der Stahlerzeugung und Fortschritte der chemischen Industrie führten Deutschland in die „Gründerzeit". Der Ausbau der Verkehrswege – allein zwischen 1865 und 1875 wuchs das Streckennetz der Eisenbahn um das Doppelte und war damit von 6,1 km im Jahr 1835 auf knapp 30.000 km angestiegen – förderte nicht nur die Mobilität der Arbeiterschaft, sondern auch die Kapitalbildung, die Eisen- und Stahlproduktion und den Gütertransport in erstmals großem Stil. Die ökonomischen Möglichkeiten eines größeren Wirtschaftsraums, die bereits der 1834 gegründete Deutsche Zollverein bot, wurden nach 1866 noch durch erhebliche Gebietserweiterungen gesteigert. Das Zusammenspiel dieser Faktoren erlaubte eine Vergrößerung der Organisationseinheiten der Produktion, zunehmend traten Fabriken an die Stelle der Werkstätten des Handwerks und der Hausindustrie. „Die jährlichen Wachstumsraten der deutschen Industrieproduktion lagen, unter Einschluß des Bergbaus, im Durchschnitt der beiden Jahrzehnte nach 1860 bereits deutlich über jenen Frankreichs und Englands. Im Durchschnitt der Jahre 1860 bis 1910 verzeichnete Deutschland eine gegenüber England verdreifachte, gegenüber Frankreich mehr als verdoppelte Wachstumsrate, und auch zwischen Jahrhundertwende und Kriegsausbruch war das Wachstum in Deutschland doppelt so hoch wie in England." (Ritter/Tenfelde 1992: 14f.) Deutlich wird dieser Aufschwung auch in dem seit 1872 kontinuierlich steigenden Export: Seit 1880 überschreitet der jährliche Zuwachs den Weltdurchschnitt und koppelt sich bei Zuwachsraten von jahres-

---

Arbeitervierteln katastrophal. Die mit den Bau- und Grundstückspreisen deutlich steigenden Mieten zwangen zu dichterer Wohnraumbelegung und führten zum Entstehen der für diese Zeit typischen engen Hinterhofviertel. Gleichzeitig erhöhten sich laufend die Wohnnebenkosten für Kanalisation, Wasser, Heizung und Licht. Die Gründung von fabrikeigenen Wohnheimen brachten keine Lösung der Probleme, zumal diese dem einzelnen Arbeiter lediglich eine Schlafstatt boten. Desweiteren ist zu beachten, daß auch die Nahrungsmittel in den Industriestädten vergleichsweise teurer waren als auf dem Lande, insbesondere weil sie in der Stadt nur über den Markt und nicht durch Eigenproduktion bereitgestellt werden konnten." (Frerich/Frey 1993: 86)

durchschnittlichen 6,8 Prozent seit 1895 deutlich von der übrigen Welt ab (Torp 2005: 60 f.). Die neue Produktionsweise führt nicht nur zu einem quantitativen Sprung in der Zahl der Beschäftigten und der Fertigung von Produkten, sondern ändert auch qualitativ das Arbeitsverhältnis. Statt des selbständigen Handwerksmeisters, der mit seinen Beschäftigten gemeinsam produziert, tritt der Kapitalbesitzer als Unternehmer, Kontrolleur des Produktionsprozesses und Verkäufer der Waren auf den Plan. Ihm steht der Handarbeiter gegenüber, der nun zwar frei ist, sich einen Arbeitsplatz zu suchen, doch auch gezwungen, einen zu finden. Die ineinander greifenden Produktionsprozesse der Fabriken erfordern eine neue Art der Disziplin und führen zu einer weitergehenden Ausbeutung, geben jedoch auch neue Freiheiten. Die Industrialisierung verändert die Lebensbedingungen des einzelnen, aber auch die Familienstrukturen. Schließlich bewirkt sie auch den Wandel der Armutsbevölkerung zum „Proletariat".

3.4 Die soziale Frage des 19. Jahrhunderts

Das Wachstum einer armen Überbevölkerung wurde zum Ende der ersten Jahrhunderthälfte zum Kennzeichen einer Übergangsperiode, in der „die Bindungen der Ständegesellschaft unwiederbringlich dahinschwanden und neue Verfassungsformen einer industriellen Gesellschaft, die ja erst in ihren Anfängen sich bildete, noch nicht gefunden waren" (Conze 1966: 113). Als Ausdruck dieser in ihren Ausmaßen unbekannten Massenarmut und Verelendung setzte sich zunächst der dem Englischen entlehnte Begriff des „Pauperismus" durch. Marx kennzeichnet diesen in einer drastischen Schilderung so: „Der tiefste Niederschlag der relativen Überbevölkerung endlich behaust die Sphäre des Pauperismus. Abgesehen von Vagabunden, Verbrechern, Prostituierten, kurz dem eigentlichen Lumpenproletariat, besteht diese Gesellschaftsschicht aus drei Kategorien. Erstens Arbeitsfähige. [...] Zweitens: Waisen- und Pauperkinder. Sie sind Kandidaten der industriellen Reservearmee und werden in Zeiten großen Aufschwungs, wie z.B. 1860, rasch und massenhaft in die aktive Arbeiterarmee einrolliert. Drittens: Verkommene, Verlumpte, Arbeitsunfähige. Es sind namentlich Individuen, die an ihrer durch die Teilung der Arbeit verursachten Unbeweglichkeit untergehn, solche, die über das Normalalter eines Arbeiters hinausleben, endlich die Opfer der Industrie, deren Zahl mit gefährlicher Maschinerie, Bergwerksbau, chemischen Fabriken etc. wächst, Verstümmelte, Verkrankte, Witwen etc. Der Pauperismus bildet das Invalidenhaus der aktiven Arbeiterarmee und das tote Gewicht der industriellen Reservearmee." (Marx 1984: 673)

Für Marx sind die Pauper mithin die nicht organisationsfähigen Übrigen einer vergangenen Gesellschaftswelt, das Proletariat dagegen ist für ihn Begriff der „aktiven Arbeiterarmee". Vom Pauper unterscheidet sich nach Marx der Proletarier durch seine Verwendbarkeit in der neuen großen Industrie – der eine „geht an ihr unter", der andere blüht nicht eben auf, aber findet doch seinen Platz.

Ein zweiter Unterschied folgt aus dem ersten: Pauper sind „Überflüssige", gleich welchen Alters, Geschlechts oder Gebrechens. Sie sind die Transformationsopfer des Wechsels vom Feudalismus, der sie nicht mehr beherbergt, in die Welt der bürgerlichen Gesellschaft, die ihnen bestenfalls mit kümmerlicher Fürsorge, in aller Regel mit Repression antwortet. Die Proletarier hingegen sind die Antriebskräfte des neuen Wachstums, auch wenn ihnen das nicht honoriert wird.

Einen dritten Unterschied zwischen Paupern und Proletariern offenbart die Geschichte: Die Proletarier sind prinzipiell organisationsfähig, sie sind nicht nur der ausgestoßene Rest der Gesellschaft, sondern in der Lage, sich als Klasse zu konstituieren. Die Gemeinsamkeit der Arbeit in der Fabrik, die Enge der Wohnlagen, der „proletarische Lebens- und Erfahrungszusammenhang" (Kocka 1983: 137) ermöglichen eine Erfahrung von Gleichheit der Klassenlage, die die Individualität der Einzelschicksale des Pauperismus transzendiert und – jenseits aller Unterschiede der Herkunft – Gemeinsamkeit stiftet.

Dieser geschichtlichen Entwicklung vorgreifend setzt sich der Begriff des Proletariats jedoch schon ab 1840 zunehmend gegen den Begriff des Pauperismus durch und verdrängt auch den älteren Begriff des „Pöbels" weitgehend aus dem Sprachgebrauch (Conze 1966). Vor der späteren Verengung des Begriffs auf die Industriearbeiterschaft bezeichnet „Proletariat" in dieser frühen Phase sowohl die traditionellen Armen, vor allem Bettler, Kranke, Arbeitsunfähige und Vaganten, als auch die von abhängiger Arbeit lebenden „handarbeitenden Klassen", deren Gemeinsamkeit in der Unselbständigkeit der Angehörigen lag und ihren Ausschluss von den Wahlen zur Frankfurter Nationalversammlung 1848 bedeutete.[25] Diese von Massenarmut und Hungerkrisen besonders betroffene Bevölkerungsgruppe lässt sich nach ihrer Tätigkeit in verschiedene Untergruppen aufteilen: Gesinde, Landarbeiter, Heimarbeiter, Handwerksgesellen und Fabrikarbeiter (Kocka 1983: 71 ff.), die allerdings vor 1846 weniger als 5 Prozent der Gesamtbevölkerung ausmachten (Conze 1966). „Alles zusammengenommen sammelte sich [...] ein Protestpotential, das in der Revolution zu den ‚sozialen Unterströmungen' gerechnet worden ist (R. Stadelmann). Die Zeitgenossen nannten es auch ‚Proletariat'. [...] Politisch schwer berechenbar, flößte es allein durch sein Vorhandensein, mehr noch durch seine spontanen ‚Widersetzlichkeiten, Excesse, Crawalle, Tumulte und Skandale' dem Bürgertum die Furcht vor ‚Anarchie' und ‚roter Republik' ein." (Siemann 1997a: 38 f.) Weit vor dem Entstehen einer nennenswerten Industriearbeiterschaft signalisiert daher der Begriffswandel von Pöbel zum Pauper zum Proletarier eine Veränderung in der gesellschaftlichen Ständeordnung, deren gesellschaftliche Verwerfungen als „soziale Frage" von den Zeitgenossen reflektiert wurden.

Der Begriff „soziale Frage" wird erstmals im 19. Jahrhundert von Napoleon Bonaparte benutzt. Generell bezeichnet er, soweit er auf das 19. Jahrhundert bezogen wird, „die sozialen und politischen Konsequenzen einer allmählichen Transformation der ständisch-absolutistischen Gesellschaft, die von der Dominanz des Agrarsektors und der Regelung der Gewerbe durch Zünfte geprägt

---

[25] Auch die sich im Vorfeld der Wahlen von 1848 organisierenden Gesellen wählen die Begriffe „Arbeiter" und „Proletarier" als Selbstbezeichnung. Nach einem frühen Definitionsversuch aus den Reihen der Gesellen gehören zum Proletariat alle, „die ohne feste Stellung im Leben, ohne eigenes Geschäft und ohne Besitz sind, die kein gesichertes fremdes Einkommen haben, deren Existenz von dem bloßen Erwerb ihrer Arbeit abhängt, den sie jedoch noch mit einem Arbeitgeber teilen müssen. Proletarier ist der Handarbeiter und Taglöhner, der Gesell, der Gehilfe und das Subjekt, der Fabrikarbeiter und alle die, welche bei der Industrie als Lohnarbeiter ihr Brot finden." (Sandner 1848, zitiert nach Siemann 1997b: 163)

wurde, in eine liberal-kapitalistische Markt- und Industriegesellschaft" (Ritter 1998: 1).[26] Mit einem schlichten Begriff findet damit eine komplexe Problemlage ihren Ausdruck: Auf einer grundsätzlichen Ebene wird das Aufkommen einer massenhaften Armutsbevölkerung mit dem Begriff gefasst, gleichzeitig dient dieser aber auch zur Kennzeichnung der hiermit verbundenen Phänomene wie Wohnungslosigkeit, Hunger, Verwahrlosung der Kinder oder Verrohung der Sitten. Bis gegen Ende des Jahrhunderts wurde die soziale Frage vor allem als „Arbeiterfrage" thematisiert, später jedoch auf die „Probleme des Handwerks, des Kleinhandels, des Hausgewerbes, der Landwirtschaft und des ‚neuen Mittelstandes' der Angestellten" (ebd.: 12) ausgeweitet. „Soziale Frage" beinhaltet zudem neben der Feststellung der Problemlagen auch die Suche nach Lösungen. Gerade aufgrund dieser geringen Trennschärfe kann der Terminus als Sammelbecken für die Armutsfolgen des Strukturwandels von der feudalen zur industriellen Gesellschaft dienen und den Fokus einer Diskussion über ihre gesellschaftlichen Auswirkungen wie politischen Lösungen bilden.

Soziale Erhebungen, Revolutionspublizistik und politische Organisationen setzten in den vierziger Jahren des Jahrhunderts die Lösung der sozialen Frage auf die Tagesordnung von Politik und Öffentlichkeit. Die Rolle des Staates bei der Lösung der Frage war indessen umstritten: Nach liberaler Auffassung sollte sich der Staat in die Gestaltung der Wirtschafts- und Sozialverhältnisse nicht einmischen. Andere forderten, so der badische Republikaner Gustav von Struwe in den Verhandlungen der Frankfurter Nationalversammlung, eine „Beseitigung des Notstandes der arbeitenden Klassen und des Mittelstandes" sowie eine „Ausgleichung des Missverhältnisses zwischen Arbeit und Kapital mittels eines besonderen Arbeitsministeriums" (Grab 1980: 69). Sein an das Vorparlament zur Abstimmung vorgelegter „Gesamtantrag" wurde jedoch nicht einmal zur Abstimmung zugelassen, „um die künftige Nationalversammlung nicht in ihrer Souveränität zu binden. Formal klang das überzeugend; der Sache nach verbarg sich dahinter die höflich drapierte Wahrheit, wie wenig das gesamte Programm

---

[26] Für eine systematische Betrachtung von „sozialen Fragen" vor und nach der Arbeiterfrage vgl. Engelhardt (1978).

für die Mehrheit akzeptabel war." (Siemann 1997a: 80) Die Liberalen glaubten indessen an eine Wiedereingliederung des Proletariats durch eine bessere allgemeine und berufliche Ausbildung. „Sie sollte die Qualifikation und die Aufstiegschancen des einzelnen verbessern, ihn zur rationalen Lebensführung befähigen und sowohl gegen Untertanengesinnung wie gegen die demagogische Agitation der Kommunisten immunisieren." (Ritter 1988: 23) Wenn auch in der Nationalversammlung ein weitergehender Lösungsansatz an den Mehrheitsverhältnissen scheiterte, ließ sich in der Folge doch die Notwendigkeit nicht übersehen, die sich in der sozialen Frage offenbarende Strukturkrise der Gesellschaft politisch zu lösen. Angesichts anhaltend verheerender Verhältnisse forderten prominente Kirchenvertreter, darunter Johann Hinrich Wichern, der Begründer der Inneren Mission, Wilhelm Emmanuel Freiherr von Ketteler oder auch der Gründer der katholischen Gesellenvereine, Adolf Kolping, sowie einzelne Persönlichkeiten wie Bettina von Arnim und einige Unternehmer umfassendere Hilfesysteme (Boeckh/Huster et al. 2004: 40 ff.).[27] „Wieviel Unglück, Verzweiflung und Sittenlosigkeit ist in allen Zweigen des Volkslebens zu finden, weil die Hülfe bei den natürlichen, unverschuldeten Nothständen des Leben fehlt!" (Hiltrop 1879) Doch weder Humanismus noch Solidarität bewirkten schließlich die Einsicht zu verstärkter staatlicher Verantwortung und die Entstehung sozialstaatlicher Politik: In Preußen war es die Klage der Armeen über den für eine Rekrutierung unzureichenden Gesundheitszustand der zu früh zu harter Arbeit ausgelieferten jungen Bevölkerung, die 1839 zu einem ersten Regulierungsedikt zum Schutze junger Arbeiter führte (Frerich/Frey 1993: 43); in Deutschland insgesamt kam es erst durch den Schrecken über den Erfolg der Sozialdemokratie zur Etablierung einer staatlichen Sozialpolitik.

---

[27] Selbst Papst Leo XIII. sah sich schließlich 1891 in den Sozialenzyklika „Rerum novarum" zu einer Stellungnahme veranlasst, in der er zu einer Versöhnung der Klassen aufrief und die christlichen Pflichten der Unternehmer gegenüber ihren Arbeitern ausformulierte.

Weiterführende Literatur:
Wehler, Hans-Ulrich 1989: Deutsche Gesellschaftsgeschichte. Zweiter Band: Von der Reformära bis zur industriellen und politischen „Deutschen Doppelrevolution" 1815-1845/49, München: Beck.
Wehler, Hans-Ulrich 1995: Deutsche Gesellschaftsgeschichte. Dritter Band: Von der „Deutschen Doppelrevolution" bis zum Beginn des Ersten Weltkrieges 1849-1914. München: Beck.

4 Die Etablierung des deutschen Sozialstaates

Einer die brennenden sozialen Probleme des 19. Jahrhunderts angehenden staatlichen Initiative stand lange liberaler Widerstand gegen Eingriffe in die Wirtschafts- und Arbeitsstrukturen im Wege. Erst in den achtziger Jahren gelang es, mit Bismarcks Politik des „Zuckerbrots", die die Wirkung der „Peitsche" des Sozialistengesetzes[28] mildern sollte, Sozialgesetze in nennenswertem Umfang auf den Weg zu bringen. Über die Motive für diesen Gesinnungswandel muss nicht spekuliert werden: Am Ende siegten nicht die Vertreter von Humanismus und Gerechtigkeit, die seit der Mitte des Jahrhunderts eine staatliche Verantwortung für die soziale Frage eingeklagt hatten, sondern politisches Kalkül. „Bismarck glaubte dadurch, daß er den Arbeiter zum Staatsrentner machte, ihn vom Sozialismus abzuziehen und ihm eine politisch zuverlässige Schwimmkraft zu geben." (Schmittmann 1926: 624) Auch wenn Berechnung die Sozialgesetzgebung motivierte und obwohl diese zunächst nur kleine Teile der Bevölkerung weitgehend unzureichend vor den Risiken des Arbeitsalltags schützen konnte, ist die deutsche Sozialgesetzgebung jener Zeit vorbildlich für Europa und in ihrer langfristigen Folgewirkung für den ausgebauten Sozialstaat in seiner heutigen Form kaum überschätzbar. Zudem bot sie, deutlich gegen die Intentionen des Wegbereiters, in Form der Hilfskassen der ihrer eigentlichen Organisationsformen durch das Sozialistengesetz ledig gewordenen Sozialdemokratie einen Ort des Überwinterns (vgl. Ritter 1991: 86).

Die folgende Darstellung der Etablierung des deutschen Sozialstaates konzentriert sich auf die Zeit bis zur Weimarer Republik.

---

[28] Man findet den Begriff im Singular und im Plural: Beides hat seine Berechtigung. Das am 22. Oktober 1878 in Kraft tretende „Gesetz gegen die gemeingefährlichen Bestrebungen der Sozialdemokratie" musste jährlich erneuert werden und wurde im Zeitraum seiner Geltung bis 1890 im Zuge der Neuvorlage auch mehrfach geringfügig modifiziert.

Sie ist nicht chronologisch, sondern systematisch angelegt: Zunächst wird in Abschnitt 4.1 die Entstehung des Politikfeldes Sozialpolitik rekonstruiert. Abschnitt 4.2 widmet sich den Grundstrukturen und wichtigsten Aufgabenfeldern des frühen deutschen Sozialstaates. Welche Entwicklungs- und Konfliktlinien die praktische Durchsetzung sozialpolitischer Vorstellungen strukturierten, ist Gegenstand von Abschnitt 4.3.

4.1 Die Erfindung von Sozialpolitik

Neue Politikfelder entstehen in aller Regel in Folge einer Ausdifferenzierung bekannter Problemlagen oder in Reaktion auf gänzlich neue Probleme. Die Entstehung staatlicher Sozialpolitik verbindet beide Momente: Zwar war die Armutsproblematik als solche lange bekannt, doch stellte der in der sozialen Frage gebündelte Problemkomplex eine Herausforderung dar, die die kommunale Armenfürsorge des 18. Jahrhunderts strukturell und finanziell überforderte. Eine modifizierte Fortsetzung fand sie in der staatlichen Sozialpolitik des späten neunzehnten Jahrhunderts.

Nach Ludwig von Wiese (1926: 612) hat Wilhelm Heinrich Riehl in der Mitte des 19. Jahrhunderts den Begriff der Sozialpolitik in die deutsche Debatte eingeführt (vgl. auch Kaufmann 2003a: 29 ff.). Zu Recht hält Frerich (1996: 3) fest, dass zu diesem Zeitpunkt die neuere Form staatlicher Sozialpolitik in Gestalt des Preußischen Regulativs zum Schutz der Fabrikarbeiterkinder von 1839 bereits anderthalb Jahrzehnte alt war. So betrachtet stellt sich die Bildung des Wortes „Sozialpolitik" als Reaktion auf eine bereits vorhandene politische Praxis dar. Andererseits stellte dieses Regulativ nur einen punktuellen Vorläufer derjenigen Maßnahmen dar, die unter dem Schlagwort der „Socialpolitik" später gefordert wurden. Überdies war das Preußische Regulativ gewissermaßen eine militärpolitische Maßnahme mit sozialpolitischem Inhalt, ein erster Schritt zwar auf dem noch weitgehend unbeschrittenen, sozialpolitischem Feld, aber keineswegs ein Vorbote eines weiteren Ausbaus. Zutreffender ist daher insgesamt die Feststellung, dass die wissenschaftlich-öffentliche Diskussion über Umrisse und Gegenstände des neu zu schaffenden staatlichen Politikfeldes, die unter der Bezeichnung Sozialpolitik geführt wurde, der politisch-praktischen Umsetzung vorausging. Dieser Entstehungshintergrund erklärt manche Eigenheiten von Sozialpolitik im Vergleich zu anderen Bereichen der Politik: etwa den bis heute programmatischen, nicht nur analytischen Charakter, der sich mit dem Wort verbindet, oder auch den lange beklagten Mangel an einer eigenständigen Theorie der Sozialpolitik (vgl. allerdings Nullmeier 2000).

Das Wort Sozialpolitik ist eine deutsche Erfindung, die „in der Wissenschaft und Praxis anderer Völker kaum irgendwo wiederkehrt. [...] Die Abneigung [...] ist nicht sprachlich zu erklären [...]. Man vermeidet das Wort, weil es unklar und unzweckmäßig ist." (von Wiese 1926: 612) In der Tat kann von einem „Begriff" im Sinne einer feststehenden Tatsachenbeschreibung im Zusammenhang mit Sozialpolitik nicht die Rede sein. Zwar ist der Begriff von Wissenschaftlern, aber „nicht eigentlich zum Zwecke der wissenschaftlichen Erkenntnis" (ebd.: 613) geprägt worden. Vielmehr diente er zunächst als „Schlagwort, Programm und Parole" (Frerich 1996: 3) zur Kennzeichnung recht unterschiedlicher Bedeutungsgehalte, deren kleinster gemeinsamer Nenner in einer grundsätzlichen Befürwortung einer staatlichen Aktivität bei der Gestaltung der Gesellschaft bestand. Jenseits dieses minimalen Konsenses sind unterschiedliche Bedeutungsschichten in der gesellschaftlichen und wissenschaftlichen Diskussion identifizierbar.

Zuerst fällt auf, dass der Begriff als *Praxis*- wie auch als *Wissenschaftsbegriff* benutzt wird. Im ersteren Fall bezeichnet Sozialpolitik immer ein auf die Gesellschaft bezogenes, staatliches Handeln im weiteren oder engeren Sinne, im zweiten Fall ist der Gegenstand von Sozialpolitik die Lehre, die dieses Handeln selbst untersucht, theoretisch zu fassen sucht und gegebenenfalls anleiten möchte.

Der Aufgabenbereich und die Zielsetzungen praktischer Sozialpolitik werden hierbei unterschiedlich, teilweise kontrovers gefasst. Eine Differenz lebt in der heute noch gebräuchlichen Unterscheidung einer Sozialpolitik im engeren und einer Sozialpolitik im weiteren Sinne fort. Diese Unterscheidung geht auf die „Grundzüge der Socialpolitik" von van der Borght (1904) zurück. Zum weiteren Begriff der Sozialpolitik gehören nach van der Borght

„alle Maßnahmen, welche die im Gesamtinteresse erforderliche Einwirkung auf die sozialen Verhältnisse, d.h. auf die Verhältnisse der zum Gemeinwesen gehörigen Gesellschaftsklassen, bezwecken. Die engere Sozialpolitik ‚erscheint als Wohlfahrtspolitik zugunsten der Klassen, die ihre Arbeitskraft im Dienste anderer in unselbständigen und abhängigen Berufsstellungen verwerten müssen'." (von Wiese 1926: 615) Während die Unterscheidung zwischen einer engeren und weiteren Sozialpolitik an sich unstrittig ist, wird unter engerer Sozialpolitik selbst durchaus Unterschiedliches verstanden. Sozialpolitik wird einerseits mit „Arbeiterpolitik" identifiziert und umfasst hierbei mehrere Problemkreise: die Frage nach der Stellung der Arbeiter im Produktionsprozess, die Frage nach der Legitimität und Legalität kollektiver Interessenvertretung sowie die Frage nach der Existenzsicherung der erwerbslosen Arbeiter (vgl. Kaufmann 2003b: 262 f.). Andererseits wird – wie schon im Begriff der sozialen Frage – die reine Fokussierung auf die Arbeiterschaft als historische Phase begriffen und das Aufgabenspektrum von Sozialpolitik entsprechend verallgemeinert. In diesem Zusammenhang wird statt von Sozialpolitik auch schon früh von „Gesellschaftspolitik" gesprochen und somit die Entfernung von der sozialen Frage als Arbeiterfrage auch semantisch vollzogen.[29]

Zur generellen Unschärfe der Konturen von Sozialpolitik tragen nicht zuletzt die Fülle und teilweise weit auseinander liegenden Aufgabenstellungen bei, die sich sowohl der sozialpolitischen Lösung der Arbeiterfrage als auch dem Auftrag weitergehender gesellschaftspolitischer Eingriffe verdanken. Sozialpolitik umfasst demnach „1) Aufgaben des sozialen Schutzes: Schutz der Erwerbstätigen (der Kinder, Jugendlichen und Frauen im Arbeitsleben), Sicherung der Freizeit, Gesundheitspolitik usw.; 2) Aufgaben der sozialen Sicherung: bei Krankheit, Erwerbs- und Berufsunfä-

---

[29] Vgl. hierzu auch das aktuelle Verständnis von Sozialpolitik als Gesellschaftspolitik, das dem Sozialbericht der Bundesregierung 2005 zu Grunde liegt: „Sozialpolitik hat den gesellschaftlichen Wandel aufzugreifen und zu gestalten. Dabei muss sie wirtschaftliche Dynamik und soziale Sicherheit miteinander in einer Weise verbinden, die Synergieeffekte für beide erbringt. Im Vordergrund steht nicht mehr vor allem der Statuserhalt, sondern die Vermeidung von sozialer Ausgrenzung und die Förderung sozialer Eingliederung." (Deutscher Bundestag 2005: 4)

higkeit, Arbeitslosigkeit, Witwenschaft, im Alter; 3) Aufgaben der sozialen Förderung: im Bildungs-, Ausbildungs- und Fortbildungswesen; 4) strukturpolitische Aufgaben im eigentlichen Sinn: breite Vermögensstreuung, Siedlungsgestaltung usw." (Höffner 1962: 349)

Bei diesem – im Übrigen immer noch wachsenden – Aufgabenumfang wird klar, dass Sozialpolitik nicht allein eine Aufgabe des Staates sein kann. Obwohl sich anfänglich die Debatte um dessen Verantwortung für die gesellschaftlichen Verhältnisse konzentrierte, war zu keiner Zeit der Staat allein Urheber und Träger von Sozialpolitik, sondern strukturierendes Zentrum und teilweise Erbe einer Vielfalt von gesellschaftlichen Organisationen im Dienste der Gesellschaft.

4.2 Historische Grundstrukturen und wichtigste Aufgabenfelder des deutschen Sozialstaates

Der Begriff des Sozialstaates wird allgemein Lorenz von Stein zugeschrieben, der in der Mitte des 19. Jahrhunderts bereits den Begriff der „socialen Demokratie" in die Diskussion einbrachte und 1876 dem Rechtsstaat den Aufgabenbereich eines „socialen Staates" an die Seite stellte: Der Staat muss „die absolute Gleichheit des Rechts gegenüber allen jenen Unterschieden [der Klassen, P.D.] für die einzelne selbstbestimmte Persönlichkeit durch seine Gewalt aufrecht halten, und in diesem Sinne nennen wir ihn den *Rechtsstaat*. Er muß aber endlich mit seiner Macht den wirtschaftlichen und gesellschaftlichen Fortschritt *aller* seiner Angehörigen fördern, weil zuletzt die Entwicklung des Einen stets die Bedingung und eben so sehr die Consequenz der Entwicklung des Andern ist; und in diesem Sinne sprechen wir von dem *gesellschaftlichen* oder dem *socialen* Staate." (Stein 1876; Herv. i. Orig.) Stein baut hierbei die Vorstellung der sozialstaatlichen Verantwortung des Rechtsstaates weiter aus, die vor ihm bereits der Politiker und Staatswissenschaftler Robert von Mohl formuliert hatte. Zentral für Stein ist die Vorstellung einer gesellschaftlichen Entwicklung, bei der die entstehende „industrielle Gesellschaft" der „staatsbürgerlichen Gesellschaft" der Französischen Revolution und der auf dem Zensuswahlrecht beruhenden „volkswirtschaftlichen Gesellschaft" folgt. Kennzeichnend für die industrielle Gesellschaft ist der Klassengegensatz, der das abhängige Proletariat in materieller Unabhängigkeit hält und somit in Unfreiheit. Wie nach ihm Marx geht auch Stein von der Vorstellung aus, dass das Proletariat sich dieser Klassenlage bewusst werden und danach drängen wird, die Staatsgewalt an sich zu reißen. Allerdings scheint dies für Stein nicht unvermeidbar, jedenfalls dann nicht, wenn die herrschende Klasse auch ihre Lage erkennt und aus wohlverstandenem Eigennutz soziale Reformen ergreift (Stein 1848). Der Sozialstaat sollte daher nicht nur gewaltsame Auseinandersetzungen verhindern helfen. Er bot auch „die einzige Möglichkeit zur Bewahrung der Freiheit, die sowohl bei einer Herrschaft des Kapitals über die Arbeit wie bei einer Herrschaft der Arbeit über das Kapital verlorengehe. Für Deutschland fordert Stein ein über den Klassengegensätzen stehendes Königtum der sozialen oder gesellschaftlichen Reform zur Verhinderung der Klassenspaltung der Gesellschaft und zur Befriedigung des Proletariats." (Ritter 1988: 25f.)

Während einzelne Maßnahmen zum Schutz besonders bedürftiger Arbeiter – vor allem Kinder, Jugendliche und Frauen – sowohl in Preußen als auch in der englischen Fabrikgesetzgebung bereits vorlagen, liegt das Innovative des Sozialstaates, der von Stein angestrebt und schließlich nach und nach umgesetzt wird, in der „neuartige[n] Konzeption, die Arbeiter als einheitlichen ‚Stand' oder ‚Klasse' zu begreifen und die Verbesserung ihrer Gesamtsituation zum Ziel staatlichen Handelns zu machen" (Kaufmann 2003b: 272). Wenngleich sie im Leistungs- und Adressatenkreis zunächst beschränkt war, wird diese Verbesserung der Gesamtsituation in der Bismarckschen Sozialreform der achtziger Jahre doch systematisch vorbereitet – wobei indessen nicht vergessen werden sollte, dass nicht Schutz der Arbeiterklasse, sondern die Abwendung von Schäden für die Gesamtgesellschaft ein wesentliches Motiv darstellten. Deutlich sprach dies die 1881 (von Bismarck vorbereitete) „Kaiserliche Botschaft" aus, in der Sozialreformen angekündigt wurden, da „die Heilung der sozialen Schäden nicht ausschließlich im Wege der Repression sozialdemokratischer Ausschreitungen, sondern gleichmäßig auf dem der positiven

Förderung des Wohles der Arbeiter zu suchen sein werde" (zit. nach Boeckh/Huster et al. 2004: 63).

Drei Gesetzeswerke wurden in den Folgejahren in den Reichstag eingebracht und verabschiedet:

⇨ Am 15. Juni 1883 beschloss der Reichstag zunächst das „Gesetz betreffend die Krankenversicherung der Arbeiter", das am 1. Januar 1884 in Kraft trat. Die Beiträge wurden zu einem Drittel von den Arbeitgebern, zu zwei Dritteln von den Versicherten entrichtet. Der Schutz der Versicherten umfasste ein Krankengeld ab dem dritten Tag und bis zu 50 Wochen einer Krankheit, ärztliche Behandlungskosten und Medikamente, Übernahme von Krankenhauskosten, Sterbegeld und eine Unterstützung für Wöchnerinnen.

⇨ Per Beschluss des Reichtags vom 6. Juli 1884 trat zum 1. Oktober 1885 das „Unfallversicherungsgesetz" in Kraft, mit dem sich die Unternehmer, die 100 Prozent der Beiträge entrichteten, gegen Klagen in Folge von Betriebsunfällen versicherten. Leistungen erhielten verunfallte Arbeitnehmer in Form von Unfallrenten ab der 14. Woche sowie in Form einer Kostenübernahme bei ärztlicher Behandlung.

⇨ Am 22. Juni 1889 folgte das Gesetz betreffend der Invaliditäts- und Altersversicherung, das zum 1. Januar 1891 in Kraft trat. Neben Übergangsgeldern bei notwendigen medizinischen Behandlungen wurden hiermit vor allem Altersrenten ab 70 Jahren und Invaliditätsrenten eingeführt. Finanziert wurde die Rentenversicherung zu gleichen Teilen von Arbeitgebern und Arbeitnehmern und um einen Reichszuschuss ergänzt.

Diese so genannten „Arbeiterversicherungen" weisen langlebige Strukturmerkmale auf, die das Sozialversicherungssystem nachhaltig prägen (vgl. Kaufmann 2003b: 269 f.; Boeckh/Huster et al. 2004: 64 f.):

⇨ Zwangsversicherung der Arbeiter festgelegter Wirtschaftszweige;

⇨ eine nach Versicherungszweigen variierende Finanzierung durch Beiträge von Arbeitgebern und Arbeitnehmern (keine Steuerfinanzierung);

⇨ Kopplung von Auszahlungen an vorherige Einzahlungen (Äquivalenzprinzip);

⇨ Rechtsanspruch auf die Versicherungsleistungen nach Maßgabe rechtlich normierter Anspruchsursachen (Kausalitätsprinzip) und Einräumung des Rechtsweges;
⇨ staatlicher Zuschuss zur Rentenversicherung;
⇨ selbständige Organisationen der Versicherungen und organisatorische Vielfalt in Form von Körperschaften des öffentlichen Rechts mit Selbstverwaltungsrechten von Arbeitgebern und Arbeitnehmern;
⇨ Gliederung der Versicherungsträger nach Risiken.[30]

Als dauerhafte Ordnungsprinzipien kommen in diesen Gesetzen mithin zur Geltung: „das Prinzip der *Versicherung*, die Beiträge von Begünstigten einfordert und Ansprüche auf Leistungen begründet; die Verbindung von staatlichem *Zwang* und sozialer *Selbstverwaltung*; der Grundsatz, daß Sozialleistungen nach Maßgabe *rechtlich* normierter Anspruchs*ursachen* und nicht nach Maßgabe individuell bestimmter Leistungszwecke bemessen werden; und schließlich die *organisatorische Vielfalt*" (Hentschel 1983: 12 f.; Herv. i. Orig.).

Die anfänglich separaten Gesetzeswerke wurden 1911 in der Reichsversicherungsordnung (RVO) zusammengefasst und zum gleichen Zeitpunkt durch das Angestelltenversicherungsgesetz ergänzt. Zum einen wurden hiermit die für Angestellte existierenden freiwilligen Hilfskassen in eine Gesetzliche Krankenversicherung überführt, zum anderen wurde eine eigene Angestelltenrentenversicherung neu geschaffen. Erst in den siebziger Jahren des 20. Jahrhunderts wurde die RVO durch die noch heute geltenden Sozialgesetzbücher abgelöst.

Das neben Gesundheit, Alter und Unfall weitere zentrale Risiko der Arbeitslosigkeit wurde erst und damit im europäischen Vergleich recht spät in der Weimarer Republik rechtlich abgesichert. Am 16. Juli 1927 wurde das Gesetz über die Arbeitsvermittlung und Arbeitslosenversicherung (AVAVG) beschlossen, das zum 1. Oktober desselben Jahres in Kraft trat und die unzureichende Erwerbslosenfürsorgeverordnung der Kriegsfürsorge ablöste. Zeitgleich wurde der Vorläufer der heutigen Bundesagentur

---

[30] Vgl. zur Bedeutung und Herausbildung des „Versicherungsstaates" auch grundsätzlich das einschlägige Werk von François Ewald (1993).

für Arbeit ins Leben gerufen, die Reichsanstalt für Arbeitsvermittlung und Arbeitslosenversicherung.

Bis auf die (nach zwanzigjähriger Debatte) 1995 eingeführte Pflegeversicherung (Gesetz zur sozialen Absicherung des Risikos der Pflegebedürftigkeit, Pflegeversicherungsgesetz), die als fünfte Säule das Sozialversicherungssystem heute ergänzt, waren mit der Einführung der Arbeitslosenversicherung somit alle zentralen Versicherungssysteme bereits geschaffen.[31]

Weiterführende Literatur:
Ritter, Gerhard A. 1991: Der Sozialstaat. Entstehung und Entwicklung im internationalen Vergleich. München: Oldenbourg.
Mommsen, Wolfgang J./Mock, Wolfgang (Hrsg.) 1982: Die Entstehung des Wohlfahrtsstaates in Großbritannien und Deutschland im Vergleich 1850-1950. Stuttgart: Klett-Cotta.

4.3 Konflikt- und Entwicklungslinien

Die Etablierung staatlicher Sozialpolitik war weder selbstverständlich noch unumstritten. Rückblickend lassen sich daher einige markante *Konfliktlinien* benennen, deren Traditionsspuren sich oftmals noch in der Gegenwart finden.
⇨ Der beherrschende Konflikt des 19. Jahrhunderts ist die Frage: *Reform oder Revolution?* Innerhalb der Arbeiterbewegung führte dieser im so genannten „Revisionismus-Streit" seinen Höhepunkt erreichende Dissens zur Spaltung: Gegenstand der Kontroverse war die Frage, ob eine Veränderung gesellschaftlicher Verhältnisse (nur) auf revolutionärem Wege, d.h. in ei-

---

[31] Die Versicherungssysteme sind das Zentrum des Sozialstaates, nicht der Sozialstaat selbst. Wie mehrfach beschrieben ist Sozialpolitik ein umfassendes, sich mehr und mehr zur Gesellschaftspolitik wandelndes Politikfeld, das sich in einem umfassenden System sozialer Hilfen in Notlagen und zur Verhinderung solcher niederschlägt. Diese Entwicklung darzustellen hieße u. a. die sozialpolitische Gestaltung der Arbeitsverhältnisse, die völkische Sozialpolitik im Nationalsozialismus, die Sozialpolitik in der DDR und schließlich die Neuordnung und Entwicklung der Sozialpolitik in der Bundesrepublik detaillierter zu betrachten. Diese Geschichte des Sozialstaates kann hier nicht angemessen dargestellt werden und ist für das weiterführende Ziel, Urteilsfähigkeit bezüglich der aktuellen Reformpläne herzustellen, auch nicht zwingend erforderlich.

nem Bruch mit der kapitalistischen Gesellschaft, herbeigeführt werden könne, wie Karl Kautsky, Wilhelm Liebknecht und August Bebel in marxistischer Tradition argumentierten, oder ob es systemimmanente Reformmöglichkeiten gäbe, eine Position, die insbesondere Eduard Bernstein vertrat.

⇨ Nicht nur in der Arbeiterklasse dominierte die Streitfrage, ob es eine systemimmanente Lösung der „Arbeiterfrage" geben kann oder ob eine Beseitigung der Klassengegensätze nur in einer Revolution möglich ist. Reform oder Revolution ist auch die Alternative, vor deren Hintergrund die politischen Lager in den ersten großen Debatten über die nur wenige Jahre zuvor erstmal so benannte „Sozialpolitik" sich formieren. Als zentrale Grundpositionen werden formuliert „die liberale, welche die Überwindung sozialer Not von den Selbstheilungskräften des Marktes erwartete, die *revolutionäre*, die eine Überwindung des kapitalistischen Systems aufgrund seiner immanenten Widersprüche prognostizierte; die *konservative*, die zur Wiederherstellung solidarischer Verhältnisse die Besinnung auf das traditionale Ethos der Gesellschaft forderte; und die *reformistische* Position, die durch institutionelle Reformen das politische und gesellschaftliche System auf Dauer zu stabilisieren hoffte" (Kaufmann 2003a: 34 f.; Herv. P.D.).

⇨ In veränderter Form beherrschte die Frage von Reform oder Revolution auch die Sozialgesetzgebung der Bundesrepublik, allerdings diesmal unter dem Vorzeichen der Systemkonkurrenz. Nach allgemeiner Auffassung trug diese nicht unerheblich zum Ausbau des Sozialstaates in den sechziger und siebziger Jahren bei. Für die alte Bundesrepublik, „die sich als deutscher Teilstaat nicht mehr als Nationalstaat definieren konnte, hatte die Gewährleistung sozialer Sicherheit neben dem Versprechen wirtschaftlicher Wohlstandssteigerung einen starken Anteil an der Legitimation [...]. Mit der deutschen Einigung dürfte dieser Antrieb zumindest geschwächt worden sein. Ein weiterer Gesichtspunkt knüpft in anderer Weise an die Aufhebung der Teilstaatlichkeit an: diese beinhaltete im Falle Deutschlands eine Konkurrenz verschiedener politischer und wirtschaftlicher Systeme, die es der alten Bundesrepublik nahelegte, gerade auch auf dem sozialen Feld die Überlegenheit des eigenen Systems zu demonstrieren. Dieser Antrieb Systemkonkurrenz [...] ist mit dem Ende der deutschen und der europäischen Teilung entfallen." (Döring 1995: 67 f.)

⇨ In der Gegenüberstellung von „Armutsbekämpfung und Armenbeherrschung" (vgl. Abschnitt 3.2) waren zwei gegensätzliche Positionen in der Armenhilfe des 18. Jahrhunderts deutlich geworden, die auch mit dem Gegensatz von *Restitution und Repression* bezeichnet werden können. Restitution in einem sozialen Sinne zielt auf Wiedereingliederung, die Wiederherstellung eines als „normal" bezeichneten Zustandes und beruht auf der Vorstellung, dass der Zustand der Ausgrenzung nicht von Dauer sein wird, muss und soll. Repression hingegen lebt von solchen Hoffnungen nicht. Das Ziel ist nicht primär die Wiedereingliederung, sondern die Abwehr von Schäden, die der Gesellschaft durch die außerhalb dieser stehenden oder gestellten Menschen entstehen könnte.[32] In der Aufeinanderfolge von Sozialistengesetz und Sozialgesetzgebung zum Ende des 19. Jahrhunderts wird in einer Neuauflage dieser konträren Positionen nunmehr politische Repression mit sozialer Restitution kombiniert (vgl. hierzu auch Willke 1992: 211 ff).

⇨ Eine Weiterführung des Gegensatzes von Repression versus Restitution liegt in den gegensätzlichen Haltungen von *libertär versus autoritär* und der sozialpolitischen Alternative von *welfare versus workfare* vor. Unterschiedliche normative Grundpositionen in Bezug auf Staatsbürgerschaft und Entscheidungsmodelle sind mit dem Gegensatz „libertär-autoritär" und mit den ebenfalls konträren Positionen zur Ressourcenverteilung „redistributiv-marktorientiert" gekennzeichnet worden (Kitschelt 1994; Kitschelt/McGann 1995). „Libertär" sind demnach solche Positionen, die ein breites, inklusives

---

[32] Deutlich wird dies in der Dominanz des „Policeyrechts" über das Fürsorgerecht, in dem Mangel eines subjektiven Rechts auf Armenunterstützung sowie einem Entzug politischer Rechte, der in einigen Ländern noch durch einen fehlenden Grundrechtsschutz verschärft wurde, indem zum Beispiel die Armenbehörden jederzeit das Recht auf Zutritt zu den Armenwohnungen hatten, und die Armen einer besonderen Aufsicht in ihrer Lebensführung unterstanden (vgl. Sachße/Tennstedt 1980: 212).

Konzept der Staatsbürgerschaft sowie ein Grundmodell „individueller Freiheit und kultureller Selbstverwirklichung mit einem partizipatorischen Ansatz bei der Herstellung kollektiv verbindlicher Entscheidungen" (Kitschelt/McGann 1995: 4; Übersetzung P.D.) verbinden. „Autoritär" steht hingegen für die Befürwortung einer Anpassung an bestehende Normen, soziale Unterordnung und hierarchische Entscheidungsprozesse. Bezüglich der Verteilungsformen sieht Kitschelt einen Gegensatz zwischen einer redistributiven Einkommensverteilung einerseits und einer durch den Markt bestimmten Verteilung von Ressourcen (Kitschelt/McGann 1995: 4 f.; Kitschelt 2004: 7), der bezogen auf den Arbeitsmarkt in den Gegensatz von „workfare-welfare" übersetzt werden kann. Das „welfare"-Konzept steht für die Gewährung sozialer Unterstützung als Rechtsanspruch, während mit „workfare" eine Position gekennzeichnet wird, die auf Gegenleistungen setzt, z. B. in Form von Arbeitsbereitschaft (Kaps 2006: 93 f.). Ordnet man diese Orientierungen in einer gemeinsamen Darstellung, ergibt sich die folgende Vier-Felder-Matrix.

Abbildung 4: Sozialpolitische Grundorientierungen

	Libertär		
Welfare	emanzipatorisch	aktivierend	Workfare
	paternalistisch	repressiv	
	Autoritär		

Quelle: Kaps 2006: 94.

Von *Entwicklungslinien* kann nur in dem klaren Bewusstsein gesprochen werden, dass es sich hierbei um Ex-post-Betrachtungen handelt, die nicht verhehlen sollten, dass es auch anders hätte kommen können. Dies berücksichtigend sind folgende Verlaufsbewegungen erkennbar:
⇨ *Kommunalisierung und Entkommunalisierung*: Kommunalisierung, nämlich die Übernahme einer weder privaten noch

kirchlichen Verantwortung für die Armen, war ein Kennzeichen der Armenfürsorge seit dem späten Mittelalter. Diese institutionelle Neuerung reagiert auf das Versagen der traditionalen Versorgungssysteme (Ritter 1991: 30; Sachße/Tennstedt 1980: 194), gerät jedoch selbst durch das Wachstum der Armutsbevölkerung im 19. Jahrhundert sowie durch den massenhaften Zuzug in die Städte an seine Grenzen (Wehler 1989: 18 f.). Ein staatliches Engagement wird notwendig, weil die Lösungskapazitäten der kleinen Gebietseinheiten zu beschränkt sind, um durchgreifende Lösungen herbeizuführen (die staatlicherseits z.B. in einer restriktiven Bevölkerungspolitik gesucht wurden). Allerdings ist dieser Trend weder unumkehrbar noch eindeutig: im Zuge einer „aktivierenden Sozialpolitik" wird die Bedeutung kommunaler Sozialpolitik eher zunehmen und unverzichtbar werden (vgl. z.B. Sozialdezernat Kiel 2001). Bemerkenswert ist zudem, dass die systematisch zurückgedrängten Hilfssysteme (Familie, Stiftungen, später auch freiwillige Hilfsvereine und Solidaritätsverbände) weiterhin eine Art Rückfallposition bilden: in der aktuellen Debatte über die Bedeutung des „Ehrenamtes" und des zivilgesellschaftlichen Engagements, aber auch in der Möglichkeit nach der Pflegeversicherung, häusliche Pflege durch Familienmitglieder finanzieren zu lassen, wird dies deutlich.

⇨ Ein deutlicher Entwicklungstrend ist der *Ausbau des Sozialstaates,* der sich auf mehrere Dimensionen bezieht: Erstens werden die anfänglich nur für Arbeiter bestimmter Wirtschaftszweige geltenden Versicherungssysteme nach und nach sowohl auf weitere Sektoren als auch auf weitere Bevölkerungsgruppen (vgl. etwa das Angestelltenversicherungsgesetz) ausgedehnt. Zweitens wird der Hilfeumfang von zunächst eher kärglicher Unterstützung zunehmend zu einer umfassenden Versorgungsleistung aufgebaut (Kaufmann 2003b: 282). Drittens ist selbst in der beschworenen „Krise des Sozialstaats" eine Erweiterung des Aufgabenbereichs zu einem umfassenden Sozialstaatsverständnis zu verzeichnen, das heute neben den traditionellen Sicherungssystemen auch Gleichstellungspolitik, Ausländerpolitik, den Kampf gegen Rechtsextremismus, Wohnungs- und Städtebauförderung sowie eine

eigenständige Jugend- und auch Behindertenpolitik umfasst (Deutscher Bundestag 2005).
⇨ Letzteres ist gleichbedeutend mit der immer stärkeren Durchsetzung des Verständnisses von *Sozialpolitik im weiten Sinne*; die Begrenzung einer rein auf die Lösung der Arbeiterfrage zielende Sozialpolitik ist damit historisch ebenso unterlegen wie die Beschränkung auf eine lediglich in Notlagen greifende und sich am Minimum orientierende Unterstützung.
⇨ Unter dem Aspekt ist auch die eingangs genannte *Arbeitnehmerzentrierung* des deutschen Sozialstaates zu relativieren: Wenn sie auch die Versicherungssysteme in ihrer traditionellen Form deutlich dominierte (und sich hier krisenhaft auswirkt), kann das für den Sozialstaat im weiteren Sinne nicht gelten; hier zeigt sich vielmehr eine Entwicklung von der auf die Erwerbswelt zentrierten Sicherung zu einem umfassender werdenden System der Vollversorgung. Dies wiederum führt eine Konzentration der Finanzierung auf die Erwerbstätigen in die Krise: ein gesteigerter Aufgabenumfang kann, vor allem bei sinkender Beschäftigung, nicht alleine durch Versicherungsleistungen und -ansprüche, die in der gewerblichen Arbeitswelt erwirtschaftet und verteilt werden, finanziert werden.
⇨ Die Integration der Individuen in den Sozialstaat folgt der Logik zunehmenden *Zwangs*, der jedoch gleichzeitig und nur scheinbar paradox mit neuen *Freiheiten* verbunden ist. Die kommunale Armenfürsorge nahm einseitig das Recht in Anspruch, die Kriterien der Hilfebedürftigkeit festzulegen und denjenigen, die auf Unterstützung angewiesen waren, ihre Abhängigkeit in vielfacher Form vor Augen zu halten. Freiwillige Hilfesysteme sind stark von der generellen Finanzkraft des gewählten Solidarverbandes abhängig: Große Hilfebedürftigkeit wird sich zwangsläufig in niedriger Hilfe niederschlagen müssen, wenn z. B. in wirtschaftlichen Krisen die Mitglieder einer Berufsgenossenschaft gemeinsam hiervon getroffen werden. Je heterogener die soziale Zusammensetzung eines Solidarverbandes ist, desto wahrscheinlicher werden die Risiken streuen und damit für den Einzelnen im Fall der Not eine tatsächlich adäquate Hilfe auch ermöglichen.

Das genau können jedenfalls im Prinzip staatliche Zwangsversicherungen leisten, die zudem einen Rechtsanspruch konstituieren, der die Inanspruchnahme von Versicherungsleistungen von Barmherzigkeit entkoppelt und von Willkür befreit, indem er Leistungsgründe und -grenzen rechtlich verbindlich festlegt.

5 Die Gegenwart des Sozialstaates

Sozialpolitik ist eine Dauerbaustelle – und muss eine bleiben, solange die Forderung besteht, den sozialen Wandel politisch zu gestalten. Die oftmals beklagte „Reformwut", mit der das Feld der Sozialpolitik beständig umgepflügt wird, ist somit nicht einfach ein Übel, sondern auch Zeichen eines politischen Anpassungswillens an sich verändernde soziale und ökonomische Gegebenheiten. Zudem darf nicht vergessen werden, dass ein demokratischer politischer Entscheidungsprozess und die aus guten Gründen verfassten Machtteilungen mit entsprechenden Abstimmungs- und Kompromissnotwendigkeiten eine Sozialpolitik „aus einem Guss" gar nicht ermöglichen. Zu komplex sind auch die zu berücksichtigenden Interessenlagen. Ein grundsätzliches Verständnis für die Reformintensität in der Sozialpolitik ist indessen kein Hindernis, sondern vielmehr die Voraussetzung konstruktiver Kritik.

Die zentralen Rechtsvorschriften für das Sozialrecht der Bundesrepublik finden sich in den insgesamt zwölf Sozialgesetzbüchern (SGB I-XII) sowie im Sozialgerichtsgesetz.

SGB I	Allgemeiner Teil
SGB II	Grundsicherung für Arbeitssuchende
SGB III	Arbeitsförderung
SGB IV	Gemeinsame Vorschriften für die Sozialversicherung
SGB V	Gesetzliche Krankenversicherung
SGB VI	Gesetzliche Rentenversicherung
SBG VII	Gesetzliche Unfallversicherung
SGB VIII	Kinder- und Jugendhilfe (früher: Kinder- und Jugendhilfegesetz (KJHG))
SGB IX	Rehabilitation und Teilhabe behinderter Menschen

SGB X	Sozialverwaltungsverfahren und Sozialdatenschutz
SGB XI	Soziale Pflegeversicherung
SGB XII	Sozialhilfe (früher: Bundessozialhilfegesetz (BSHG))

Eine Berichterstattung über die Entwicklung sozialpolitischer Maßnahmen findet regelmäßig statt: Die Landes- und Bundessozialberichterstattung umfasst Sozialberichte, die üblicherweise auch mit einem detaillierten Bericht über das Sozialbudget kombiniert werden, sowie spezifische Zielgruppen- bzw. Sachstandsberichte.[33]

Abbildung 5: Sozialbudget 2003 nach Funktionen

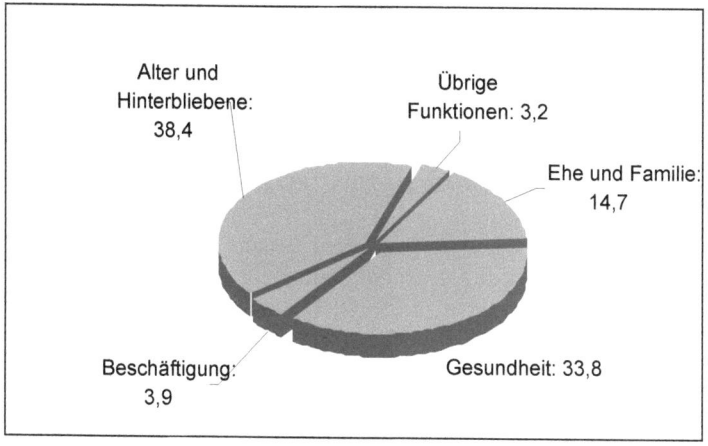

Quelle: Deutscher Bundestag 2005, eigene grafische Darstellung.

Im Jahr 2001 wurde erstmals und 2005 erneut ein Armuts- und Reichtumsbericht der Bundesregierung veröffentlicht (BMAS 2001a, 2005b). Diese in aller Regel öffentlich zugänglichen Berichte stellen nicht nur umfassende Informationen über den jewei-

---

[33] Zum Beispiel: Rentenversicherungsbericht samt dem seit 1997 einmal pro Legislaturperiode veröffentlichten Alterssicherungsbericht, Jugend- und Seniorenbericht, Berufsbildungsbericht und auch die innerhalb der Gesundheitsberichtserstattung publizierten Erkenntnisse über den Gesundheitszustand der Bevölkerung.

ligen Gegenstandsbereich zur Verfügung; in ihnen werden auch methodische Fragen etwa der Armutsmessung und Armuts- bzw. Ausgrenzungsdebatte reflektiert und somit an einer Schnittstelle von Wissenschaft und politischer Diskussion neben Messkonzepten auch „Maßstäbe für die Leistungsfähigkeit der Systeme sozialer Sicherung" (Bartelheimer/Schulz et al. 2005: 4) entwickelt.

Die folgende Darstellung des Sozialstaates in seiner gegenwärtigen Form konzentriert sich auf die zentralen Aufgaben- und Reformbereiche.

5.1 Arbeit und Beschäftigung

Die aktuelle Debatte über den Arbeitsmarkt und die Beschäftigungssituation ist dominiert von den als „Hartz-Reformen" bekannt gewordenen Veränderungen der Arbeitsmarkt- und Beschäftigungspolitik. Diese gehen zurück auf die im Februar 2002 von Bundeskanzler Gerhard Schröder einberufene Expertenkommission „Moderne Dienstleistungen am Arbeitsmarkt". Die unter dem Vorsitz des damaligen VW-Vorstandsmitgliedes Peter Hartz tagende Kommission war vor allem eingesetzt worden, um Vorschläge zum Umbau der Bundesanstalt für Arbeit und deren Umsetzung zu unterbreiten. Wenn auch der Auftrag der Kommission nicht darin lag, beschäftigungspolitische Strategien zu entwerfen, enthielt der Abschlussbericht der Kommission neben Vorschlägen zur Verwaltungsmodernisierung auch neue Vorschläge über arbeitsmarktpolitische Instrumente dies- und jenseits des Zuständigkeitsrahmens der nunmehr so genannten Bundesagentur für Arbeit (BA; früher: Bundesanstalt für Arbeit).

Unter der Zielvorstellung „Eigenaktivität auslösen und Sicherheit einlösen" schlug die Kommission in ihrem Abschlussbericht (Hartz 2002) umfangreiche Veränderungen sowohl zur Verwaltungsstruktur als auch zur Beschäftigungspolitik im Sinne einer „aktivierenden Sozialpolitik" vor. Arbeitsmarktpolitik wird hierbei als ein Set von Maßnahmen sowohl der Einzelnen auch der politisch zuständigen Institutionen, der Politik wie auch der Zivilgesellschaft verstanden, in dem neben einer Beschleunigung und Vereinfachung der Wiedereingliederung bereits Arbeitsloser vor allem präventiven Strategien auf allen Ebenen zur Verhinderung von Arbeitslosigkeit erhebliche Bedeutung zugemessen wird (vgl. Schmid 2003: 3).

Auf *institutioneller* Ebene bildete die Zusammenführung der arbeitsmarktnahen Leistungen und Angebote in einer Hand ein Kernstück der Reform: Als lokale Zentren für alle Dienstleistungen am Arbeitsmarkt sollten die bis dahin bestehenden Arbeitsämter in „Job-Center" verwandelt werden, die sowohl die Arbeitsvermittlung als auch die Arbeitslosengeldberechnung und -zahlung vornehmen und eng mit den angrenzenden Bereichen des Arbeitsmarktes – der Schuldner- und Suchtberatung, dem Sozial- und Jugendamt – kooperieren. Die Arbeitsuchenden würden sich so idealerweise nur *einer* zuständigen Institution in allen Fragen der Arbeitslosigkeit und der Wiederbeschäftigung gegenüber sehen.

Hintergrund dieses Reformvorschlages zum Umbau der BA war die Analyse, dass mehr Beschäftigungssicherheit nicht zuletzt aus einer Verkürzung der Dauer der Arbeitslosigkeit resultiert: Zu den *Maßnahmen*, die dies bewirken sollen, zählen u. a. die nunmehr geltende Verpflichtung künftig Arbeitsloser sich bereits bei Erhalt einer Kündigung oder bei Aussicht auf ein auslaufendes Beschäftigungsverhältnis beim Arbeitsamt zu melden, das so genannte „Profiling", das die spezifischen Qualifikationen der Arbeitsuchenden ermitteln und somit eine passgenauere Stellenvermittlung ermöglichen soll, ein Ausbau der internetbasierten Stellenanzeigen unter www.arbeitsagentur.de sowie die öffentlich sehr umstrittenen Grenzen der „Neuen Zumutbarkeit", die von Arbeitsuchenden größere regionale Mobilität und eine erhöhte Bereitschaft zur Annahme von Jobs erwarteten, was durch den Vorschlag einer Neugestaltung des Sanktionsinstrumentariums deutlich unterstrichen wurde.

Wesentliche Erfolge erhoffte sich die Kommission auch von der Einführung so genannter „Personal-Service-Agenturen" (PSA). Diese als Verleihfirmen arbeitenden Einheiten sollten entweder an die Job-Center angeschlossen oder auch in privater Rechtsform betrieben werden. Die bei der PSA angestellten Arbeitnehmer, so die Idee, könnten vorerst an einen externen Arbeitgeber „verliehen" werden, der sich bestenfalls schließlich entscheiden würde, den Arbeitnehmer langfristig in ein eigenständiges Beschäftigungsverhältnis zu übernehmen. So würde nicht nur die Dauer der Arbeitslosigkeit vermindert, sondern es könnten auch im Sinne eines „Klebeeffektes" wieder neue Beschäftigungsmöglichkeiten generiert werden.

Als ein zentrales Problem am deutschen Arbeitsmarkt identifizierte die Kommission das Ausmaß der Schwarzarbeit. So wurde von 5 Millionen „Vollzeitschwarzarbeitern" ausgegangen (Hartz 2002: 164). Zu ihrer Überführung in reguläre Arbeit schlug die Kommission Ich-AGs, Familien-AGs und Mini-Jobs vor.

Zur Bekämpfung der Jugendarbeitslosigkeit empfahl die Kommission ein kapitalmarktfinanziertes „Ausbildungszeit-Wertpapier", das seinen Inhabern eine Ausbildungsfinanzierung garantieren würde. Mit Hilfe des „Bridge-Systems" sollten ältere Arbeitnehmer motiviert werden, frühzeitig aus der aktiven Arbeitsplatzsuche auszuscheiden, und mit dem „Job-Floater" wurde ein finanzmarktfinanziertes Instrument zur Kombination von Kleinkredit und Lohnkostensubventionierung für Arbeitgeber, die Arbeitslose beschäftigen, vorgeschlagen. Die Kommission versprach sich von der Gesamtheit ihrer Reformvorschläge Beschäftigungseffekte, die einem Abbau der Arbeitslosigkeit um zwei Millionen registrierte Arbeitslose entsprächen – wenn, wie Peter Hartz bei der Präsentation des Berichts hervorhob, alle vorgeschlagenen Maßnahmen umgesetzt würden.[34]

Parallel zur Modernisierung der BA sollte die Kommission Vorschläge zur Umsetzung der seit Ende der 1990er Jahre diskutierten Zusammenlegung der Arbeitslosen- und Sozialhilfe entwickeln. Im Kommissionsbericht wird deshalb die Einführung eines so genannten Arbeitslosengelds II vorgeschlagen. Seit Anfang 2005 erhalten erwerbsfähige ehemalige Sozialhilfeempfänger und Arbeitslose mit einer Dauer von in der Regel mehr als zwölf Monaten Arbeitslosigkeit bedürftigkeitsabhängig pauschalierte Regelsätze zur Existenzsicherung (Arbeitslosengeld II). Außerdem erhalten ihre bedürftigen Familienangehörigen Sozialgeld nach dem SGB II und die Bedarfsgemeinschaft Zuschüsse zu den Kosten der Unterkunft. Mit der Einführung des SGB II („Grundsicherung für Arbeitsuchende") sollte die seit den 1990er Jahren anhaltend

---

[34] Vgl. zum tatsächlichen Stand der Umsetzung: Jann/Schmid (2004).

diskutierten so genannten „Verschiebebahnhöfe" zwischen Arbeitsamt und Sozialamt aufgelöst werden: Zum einen hatte die wiederholte Kürzung der Arbeitslosenhilfe dazu geführt, dass immer mehr Langzeitarbeitslose auf ergänzende Sozialhilfe angewiesen waren, um ihre Existenz zu sichern. Zum anderen hatten die Kommunen arbeitslosen Sozialhilfeempfängern über sozialversicherungspflichtige Beschäftigung im Zweiten Arbeitsmarkt die Möglichkeit gegeben, wieder Ansprüche auf Arbeitslosengeld zu erwerben. Dieses „Wandern" zwischen Arbeits- und Sozialamt und die damit einhergehende Verschiebung von Zahlungsverpflichtungen zwischen BA und den für Sozialhilfe zuständigen Kommunen sollte mit der Zusammenlegung von Arbeitslosen- und Sozialhilfe beendet werden.

Die Bundesregierung reagierte mit vier Gesetzespaketen, den Gesetzen für Moderne Dienstleistungen am Arbeitsmarkt („Hartz I – IV"), die vor allem folgende Neuregelungen enthielten:

⇨ Erstes Gesetz für moderne Dienstleistungen am Arbeitsmarkt (ab Januar 200): Einführung der Personal-Service-Agenturen; Programm „Kapital für Arbeit" (zinsverbilligte Kredite bis zu 100.000 Euro für Unternehmen, die Arbeits- und Ausbildungsplätze neu schaffen); Verschärfung der Zumutbarkeitsregelungen für Arbeitsuchende und Einführung der frühen Meldepflicht für künftig Arbeitslose; Neuausrichtung der Weiterbildungsförderung (Einführung des so genannten Bildungsgutscheins und damit quasi marktliche Steuerung in der Förderung der beruflichen Weiterbildung).

⇨ Zweites Gesetz für moderne Dienstleistungen am Arbeitsmarkt (ab April 2003): Einführung der „Mini-Jobs" (beitragsfrei können 400 Euro pro Monat verdient werden; die Arbeitgeber zahlen einen pauschalen Sozialbeitrag) und der „Midi-Jobs" (beitragsreduzierter Verdienst von 401 bis 800 Euro pro Monat); private Dienstleistungen können bis zu 510 Euro im Monat von den Leistungsempfängern steuerlich geltend gemacht werden; Einführung der Ich-AGs, bei der Arbeitslose, die sich selbständig machen, bis zu drei Jahre lang eine Förderung beim Arbeitsamt beantragen können, die im ersten Jahr 600 Euro, im zweiten 360 Euro und im dritten Jahr 240

Euro pro Monat als Zuschuss zu den Sozialbeiträgen umfasst, solange das Jahreseinkommen 25.000 Euro nicht übersteigt.
⇨ Drittes Gesetz für moderne Dienstleistungen am Arbeitsmarkt (ab Januar 2004): Reform der Bundesanstalt für Arbeit (Veränderung der Struktur und Organisation der BA, Umbau zu einem „kundenorientiert arbeitenden Dienstleister mit zeitgemäßen Führungsstrukturen" (BMAS 2006)); Vereinfachung des Leistungsrechts und arbeitsmarktpolitischer Instrumente.
⇨ Viertes Gesetz für moderne Dienstleistungen am Arbeitsmarkt (ab Januar 2005): Zusammenlegung der Arbeitslosen- und Sozialhilfe für Erwerbsfähige in einem neuen Leistungssystem, der Grundsicherung für Arbeitsuchende (Arbeitslosengeld II). Die Grundsicherung für Arbeitsuchende – geregelt im Zweiten Buch Sozialgesetzbuch (SGB II) – ersetzt für erwerbsfähige Langzeitarbeitslose die bisherige Arbeitslosenhilfe und für arbeitsfähige Sozialhilfeempfänger die bisherige Hilfe zum Lebensunterhalt des BSHG. Die Grundsicherung für Arbeitsuchende umfasst Leistungen zur Eingliederung in Arbeit (Eingliederungsleistungen) und Leistungen zur Sicherung des Lebensunterhalts sowie zusätzliche soziale Leistungen wie Schuldner- oder Suchtberatung.

Am heftigsten umstritten waren und sind die Neuregelungen nach Hartz IV: Leistungsempfänger werden damit in eine „Armut per Gesetz" gestürzt, lautet die zentrale Kritik, weil die verfügbaren Nettohaushaltseinkommen mit der Grundsicherung nach dem SGB II die Armutsgrenze unterschreite (vgl. exemplarisch Blaschke 2005). Weniger Aufmerksamkeit erhielt die Tatsache, dass den bisherigen Sozialhilfeempfängern mit dem neuen Leistungskatalog ein Zugang zum Arbeitsmarkt ermöglicht, Beiträge zur Renten- und Sozialversicherung gezahlt werden und Qualifizierungschancen offen stehen, die bisher Arbeitslosen vorbehalten blieben. Erste Zwischenbilanzen sprechen daher von Verlierern *und* Gewinnern (Blos/Rudolph 2005; vgl. auch Kaltenborn/Schiwarow 2005).

Wenig umstritten und besorgniserregend ist jedoch, dass vor allem Kinder und Jugendliche in Hartz-IV-Haushalten von einer neuen Armut betroffen sind: „Alleine durch Hartz IV hat sich die Zahl der Kinder in Deutschland, die auf dem Niveau der Sozialhilfe leben müssen, verdoppelt. Unsere schlimmsten Befürchtungen wurden übertroffen", urteilte der Präsident des Deutschen Kinderschutzbundes, Heinz Hilgers, im Vorfeld des Weltkindertages 2005 (Deutscher Kinderschutzbund 2005).

Mehr als 2,5 Millionen Kinder leben auf Sozialhilfeniveau

Heinz Hilgers, Präsident des Deutschen Kinderschutzbundes, hat in einem Interview die aktuellen Zahlen zu Kindern, die auf Sozialhilfeniveau leben, bekanntgegeben.

Mehr als 2,5 Millionen Kinder sind nach der Juni-Statistik der Bundesagentur für Arbeit betroffen. „Das ist eine erschreckende Zahl, die weit höher ist, als wir befürchtet haben."

Erstmalig werden in der Agenturstatistik die Jahrgänge der 15- bis 18jährigen berücksichtigt, denn nach der UN-Konvention über die Rechte des Kindes gehören sie zu den Kindern.

Im August 2005 lag die Zahl der Kinder unter 15 Jahren, die in Bedarfsgemeinschaften auf Sozialhilfeniveau lebten, bei 1,5 Millionen. Die Statistik der Bundesagentur für Arbeit weist im März 2006 einen Anstieg um weitere 290.000 aus, d.h. vor vier Monaten waren 1,79 Millionen Kinder von Armut betroffen. Rechneten wir die Jahrgänge der 15 bis 18jährigen dazu und die Kinder, die Leistungen nach SGB XII und dem Asylbewerberleistungsgesetz erhalten, lebten im März 2,2 Millionen Kinder auf Sozialhilfeniveau. Die Zahl der armen Kinder hat sich seit 2004 mehr als verdoppelt, sagte Hilgers. Für die betroffenen 2,5 Millionen Kinder bedeutet ihre Armut eine dramatische Minderung der Chancen auf einen guten Schulabschluss, auf ein Leben in Gesundheit, auf Teilhabe an sozialen und kulturellen Aktivitäten und ein entwicklungsförderndes und ausgeglichenes Familienleben.

Diese Kinder müssen, unabhängig von der Erwerbsbiographie ihrer Eltern, gefördert und integriert werden, damit sie eine Zukunft haben.

Quelle: www.deutscher-kinderschutzbund.de, news vom 27.7.2006

Weiterführende Literatur und Internetquellen:
www.arbeitsmarktreform.de: Eine vom Bundesministerium für Arbeit und Soziales gepflegte Webseite mit Informationen zur aktuellen Gesetzeslage und den Grundzügen der Arbeitmarktreform.
www.arbeitsagentur.de: Internetseite der Bundesanstalt für Arbeit mit jeweils aktuellen Regelungen zur Arbeitsmarktreform.
http://www.dgb.de/themen/hartz/index_html: Webseite des Deutschen Gewerkschaftsbundes mit zahlreichen Dokumenten des kritischen Begleitprozesses zu den Hartz-Reformen.
www.iab.de: Homepage des Instituts für Arbeitsmarkt- und Berufsforschung mit ausführlicher Dokumentation und Analysen der Arbeitsmarktreform.
www.iatge.de: Webseite des Instituts Arbeit und Technik mit wissenschaftlichen Forschungsergebnissen und vielen online-Publikationen.

5.2 Sozialhilfe

„Das Bundesverwaltungsgericht, das 1954 gebildet wurde, hat in einem seiner ersten Urteile klargestellt, daß aus dem Prinzip des sozialen Rechtsstaates ein Recht der Bedürftigen auf Sozialhilfe folge (Bundesverwaltungsgerichtsentscheidungen, Band 1, Seite 159, 161 f.)." (Becker 1994: 22) Dieser Forderung wurde mit dem 1961 verabschiedeten Bundessozialhilfegesetz (BSHG) entsprochen, das erstmals den Bedürftigen ein einklagbares Recht auf Hilfe zusprach. Grundsätzlich wurden zwei Arten unterschieden: Hilfe zum Lebensunterhalt als Geldleistung und Hilfe in besonderen Lebenslagen in Form von Sach- und Dienstleistungen, die bei besonderer Bedürftigkeit wie Mutterschaft, Pflegebedürftigkeit oder Behinderung in Anspruch genommen werden können.

Als Rahmengesetz bildete das inzwischen in die Sozialgesetzbücher (SGB XII) integrierte BSHG die Grundlage für die Sozialpolitik von Ländern, Kommunen und der freien Wohlfahrtspflege. „Mit Bezug auf die Einkommenssicherung ist das BSHG als Ergänzung zur großen Reform der Gesetzlichen Rentenversicherung von 1957 zu verstehen. Der Verzicht auf ein Rentenminimum, d.h. die konsequente Durchführung des Äquivalenzprinzips, ließ sich nur durch die Perspektive einer zweckmäßigen Regelung der Mindestsicherung im Rahmen der Sozialhilfe rechtfertigen. Dies ist 1960 in vergleichsweise effizienter Form geschehen, da die Regeln zur Gewährung von ‚Hilfe zum Lebensunterhalt' sich an periodisch zu revidierenden ‚Warenkörben' eines sozialen Existenzminimums sowie an der Zusammensetzung des Haushalts und den tatsächlichen Zahlungsverpflichtungen der Bedürftigen für Wohnung, Krankenversicherung u. ä. orientierten. Die bedarfsorientierte Festsetzung der Hilfe zum Lebensunterhalt hat allerdings dazu geführt, daß bei größeren Haushalten die gezahlte Gesamtsumme höher als die Lohneinkommen für einfache Arbeit liegen können. Dies und die wachsende Finanzknappheit hat in den letzten Jahren zu einer Abkoppelung der Berechnungsgrundlagen vom Prinzip des ‚Warenkorbes' geführt. Die Höhe der Sozialhilfesätze ist damit zu einer politischen Ermessensfrage geworden." (Kaufmann 2003b: 288)

Mit der Einführung des SGB XII zum 1. Januar 2005 wurden zentrale Elemente des BSHG in das neue Recht übernommen. Die Hilfe zum Lebensunterhalt und die Hilfe in besonderen Lebenslagen wurden nun allerdings zu einer pauschalierten Leistung in Höhe des Arbeitslosengeldes II zusammengeführt. Im Gegensatz zu Empfängern des ALG II sind Empfänger von Sozialhilfegeld aber nicht in der gesetzlichen Krankenversicherung pflichtversichert. Die neue Sozialhilfe umfasst nun materielle und Beratungsleistungen der Hilfe zum Lebensunterhalt (die frühere „Sozialhilfe"), die Grundsicherung im Alter und bei Erwerbsminderung, Hilfen zur Gesundheit, zur Pflege, Eingliederungshilfen für behinderte Menschen sowie Hilfen zur Überwindung besonderer Schwierigkeiten. Die Leistungen sind bedürftigkeitsabhängig und nachrangig. Mit der Einführung des SGB XII wurden u. a. die Freibetragsgrenzen bei der Feststellung der Bedürftigkeit neu definiert (1600 Euro für Alleinstehende/2600 Euro für Ältere und Paare). Für Pflegebedürftige und Behinderte stehen künftig Persönliche Budgets zur Verfügung.

Weiterführende Literatur und Internetquellen:
www.arbeitnehmerkammer.de/sozialpolitik/: Die Arbeitnehmerkammer Bremen ist eine Anstalt öffentlichen Rechts, deren Mitglieder die Arbeitnehmer und Arbeitnehmerinnen des Landes Bremen sind. Auf ihrer Sozialpolitik-Webseite präsentiert die Arbeitnehmerkammer Gesetze, Entwürfe, aktuelle Diskussionen, Pressemitteilungen und weiterführende Links.

www.tacheles-sozialhilfe.de: Ursprünglich eine Selbsthilfeeinrichtung für Betroffene von Behinderungen, versteht sich der Verein Tacheles e.V. heute als generelle Vereinigung für die Rechte sozial Benachteiligter und Arbeitsloser.
www.bag-shi.de: Website der Bundesarbeitsgemeinschaft für Erwerbslosen- und Sozialhilfeinitiativen.

5.3 Altersversorgung

2003 betrugen die Leistungen für gesetzliche Alters- und Hinterbliebenenrenten rund 267,8 Mrd. Euro. Auf diese Funktion entfielen damit ca. 38,5 Prozent aller Leistungen des Sozialbudgets in Höhe von 12,4 Prozent des Bruttoinlandsprodukts (BMAS 2005a: 85).

Die gesetzliche Rentenversicherung ist von dem grundlegenden Problem gekennzeichnet, dass sinkende Einnahmen steigenden Leistungen gegenüberstehen (vgl. Abschnitt 1.2.2); Prognosen besagen, dass im Jahr 2050 die Anzahl der Rentner die Anzahl der Erwerbstätigen überstiegen haben wird und somit ein Erwerbstätiger bei Beibehaltung des jetzigen Systems der Rentenversicherung einen Rentner mit seinen Beiträgen finanzieren müsste.

Abbildung 6: Verhältnis Erwerbstätige – Rentner (1995-2050)

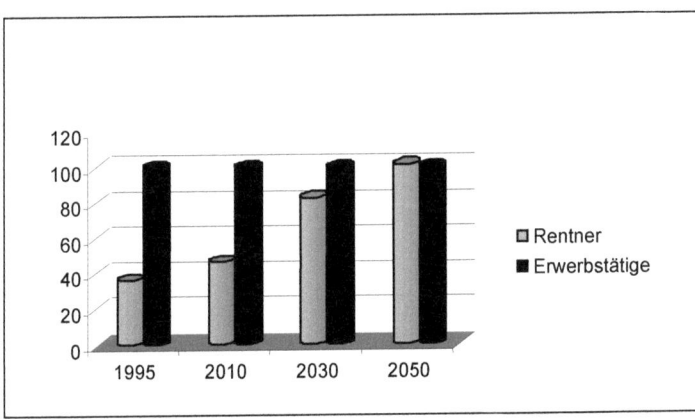

Quelle: Börsch-Supan et al. 1999: 6; eigene grafische Darstellung.

Grundsätzlich kann den auseinanderklaffenden Einnahmen und Ausgaben „mittels einer Anhebung des gesetzlichen Renteneintrittsalters, mittels Beitragserhöhungen für die Rentenversicherungspflichtigen oder aber mittels Leistungseinschränkungen für die Rentenbezieher" (Weber 2006: 7) begegnet werden.

Abbildung 7: Leistungen der Funktion Alter und Hinterbliebene in 2003 nach Systemen

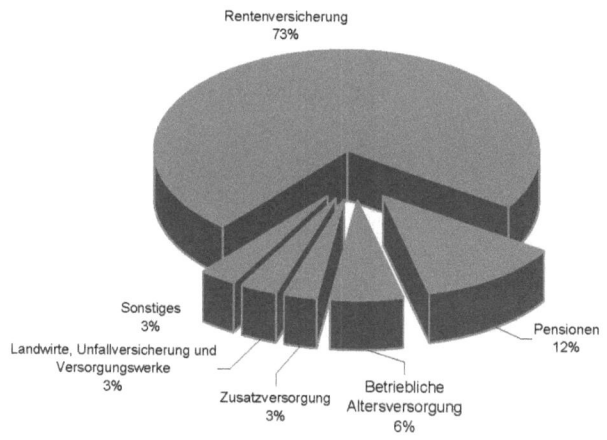

Quelle: BMAS 2005a: 85.

Um eine weitere Anhebung der Lohnnebenkosten zu vermeiden, setzen sowohl die letzte als auch die gegenwärtige Bundesregierung vor allem auf die beiden anderen Strategien. Langfristig wird das Renteneintrittsalter auf 67 Jahre steigen und die Absenkung des Rentenniveaus durch eine verstärkte Eigenkapitalbildung und individuelle Vorsorge kompensiert werden. „Der Staat fördert den Aufbau einer privaten oder betrieblichen Altersvorsorge seit dem Jahr 2002 mit Zulagen, Steuervorteilen und teilweiser Sozialversicherungsfreiheit der Aufwendungen." (Deutscher Bundestag 2005: 58) Nach Angaben der Anbieter individueller Altersvorsorgeverträge lag die Anzahl der Verträge über diese so genannte „Riester-Rente" Ende 2005 bei rund 5,6 Millionen Verträgen. 85 Prozent dieser Verträge sind private Rentenversicherungen, etwa 10 Prozent fallen auf Fondssparpläne und die verbleibenden 5 Prozent auf Banksparpläne (BMAS 2005a: 181).

Abbildung 8: Entwicklung der Riester-Rente

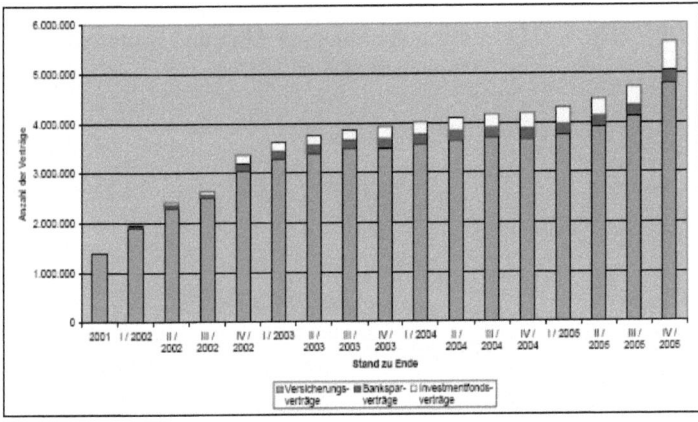

Quelle: BMAS 2005a: 181.

Zur Stabilisierung der Beitragsentwicklung wurde im Jahr 2004 die Mindestschwankungsreserve der Rentenversicherung auf 20 Prozent einer Monatsausgabe gesenkt. Das im selben Jahr beschlossene Gesetz zur Sicherung der nachhaltigen Finanzierungsgrundlage der gesetzlichen Rentenversicherung (RV-Nachhaltigkeitsgesetz) setzt zudem die Anpassung der Renten an die Entwicklung der Löhne und Gehälter solange aus, wie der demographische Druck anhält. Durch die Einführung des so genannten Nachhaltigkeitsfaktors in die Rentenanpassungsformel wird nun stärker das Verhältnis von Leistungsbeziehern und versicherungspflichtig Beschäftigten berücksichtigt. Eine Niveausicherungsklausel, nach der das Mindestniveau der Renten von heute ca. 53 Prozent vor Steuern bis 2020 auf 46 Prozent vor Steuern bzw. auf 43 Prozent des ehemaligen Arbeitsentgelts im Jahr 2030 gesenkt wird, soll zur langfristigen Sicherung eines Grundniveaus der Renten beitragen. Hierzu sieht das RV-Nachhaltigkeitsgesetz eine geringfügige Anhebung der Beitragssätze auf 20 Prozent bis 2020 und 22

Prozent bis 2030 vor. Zudem tragen Rentner seit dem 1. April 2004 ihre Beiträge für die Pflegeversicherung vollständig selbst, von denen bis dahin die Träger der Rentenversicherung die Hälfte übernommen hatten. Der Erhöhung der Liquidität der Rentenversicherungsträger dienen die Entscheidungen, die Auszahlungen an Neurentner erst zum Monatsende durchzuführen, die Einzahlungen der Arbeitgeber zur Rentenversicherung jedoch jeweils zum drittletzten Banktag des laufenden Monats fällig werden zu lassen.

Steuerrechtlich werden die aktuellen Systemveränderungen durch eine zunehmende Besteuerung der Renten und Steuerfreiheit für Altersvorsorgebeiträge flankiert. Schrittweise werden ab 2005 die Leistungen aus der gesetzlichen Rentenversicherung einer nachgelagerten Besteuerung unterzogen. „Der steuerlich zu erfassende Anteil der Rente wird bis 2020 jährlich um zwei Prozentpunkte, danach bis 2040 jährlich um einen Prozentpunkt angehoben." (BMAS 2005a: 4) Ab 2040 werden die Rentenbeträge in voller Höhe der Besteuerung unterliegen. Gleichzeitig wird die Versteuerung der Altersvorsorgebeiträge der jetzt Erwerbstätigen abgebaut: Bereits ab 2005 bleiben 60 Prozent der Altersvorsorgebeiträge steuerfrei; dieser Anteil wird zwanzig Jahre lang jährlich um 2 Prozent erhöht, so dass ab 2025 ein jährlicher Höchstbeitrag von 20.000 Euro zur eigenen Altersvorsorge steuerfrei sein wird.

Alles in allem schlägt die aktuelle Rentenreform einen Richtungswechsel ein, in dem die gesetzliche Rentenversicherung an Bedeutung für die Altersversorgung einbüßen wird und, wenn die Individuen hierzu finanziell in der Lage sind, durch individuelle oder betriebliche Altersversorgung nicht mehr nur ergänzt, sondern partiell ersetzt werden muss. Die unter dem Diktat der Beitragsstabilität stehenden Änderungen entlasten zwar die Arbeitnehmer aktuell von Pflichtabgaben, nicht aber von der Notwendigkeit, durch eine individuelle Vorsorge die ihnen selbst entstehenden Einbußen durch eine abgesenkte Rente, die Rentenbesteuerung und die Übernahme von Kosten für die Pflegeversicherung im Alter frühzeitig zu kompensieren. Mit Recht gibt daher Gerhard Bäcker zu bedenken, „dass eine private Alterssicherung ebenfalls mit Belastungen verbunden ist (um den Preis sozial selektiver Effekte), und dass die demographischen Belastungen keinen Bogen um die private Sicherung machen." (Bäcker 2004: 486)

Zur Vermeidung von „verschämter Altersarmut" ist schließlich für nicht ausreichend versicherte ältere Menschen im Jahr 2003 die „Grundsicherung im Alter und bei Erwerbsminderung" als steuerfinanzierte Leistung der Sozialhilfe in das SGB XII integriert worden. Sozialleistungsanspruch haben demnach bedürftige Personen ab 65 Jahren sowie dauerhaft voll erwerbsgeminderte Personen ab 18 Jahren. Zuständig sind hierfür die kommunalen Träger der Sozialhilfe.

Weiterführende Literatur und Internetquellen:
BMAS 2005: Ergänzender Bericht der Bundesregierung zum Rentensicherungsbericht 2005 gemäß § 154 Abs. 2 SGB VI (Alterssicherungsbericht 2005). Berlin: Bundesministerium für Arbeit und Soziales. Umfangreiche und mit vielen Tabellen und Zahlen versehene, aktuelle Darstellung der Rentenversicherungssysteme.
Diether Döring (2002): Die Zukunft der Alterssicherung. Europäische Strategien und der deutsche Weg. Frankfurt am Main: Suhrkamp. Eine Darstellung der gegenwärtigen Probleme der Rentenfinanzierung im Vergleich europäischer Länder.
www.rententips.de: Eine sehr gut gepflegte private Webseite mit dem Ziel, auf verständliche Weise über das komplexe Thema der Altersvorsorge zu informieren.

5.4 Gesundheit und Pflege

Mindestens ebenso wie die gesetzliche Rentenversicherung steht die gesetzliche Krankenversicherung (GKV) vor einer Vielzahl von Herausforderungen: Abhängig von den beitragspflichtigen Einkommen der Versicherten sind die Einnahmen der GKV an die Beschäftigungslage gekoppelt. Allein zwischen 1992 und 2005 ist der Anteil der sozialversicherungspflichtig Beschäftigten in Deutschland jedoch von 29,3 Millionen auf 26,2 Millionen gesunken. Eine veränderte Mitgliederstruktur – Anstieg von kostenintensiven, aber weniger zahlungskräftigen Rentnern, Abnahme der höheren Beitragszahler durch Wechsel in die privaten Krankenkassen um jeweils etwa 800.000 allein in den Jahren 2000 bis 2003 – trägt zu einer Verschärfung der Finanzlage ebenso bei wie eine steigende Lebenserwartung und eine teurer werdende Medizin.

Mit etwa 70 Millionen Versicherten steht die GKV vor der gewaltigen Aufgabe, die Beiträge stabil zu halten, eine qualitativ hochwertige medizinische Versorgung für alle Versicherten aufrecht zu erhalten und Kosten und Leistungen gerecht zu verteilen, also makroökonomische Kostenkontrolle mit mikroökonomischer Effizienz und Gerechtigkeit in Einklang zu bringen (vgl. Oxley/MacFarlan 1995).

Abbildung 9: Krankheitskosten in Deutschland 2002 - Durchschnittlicher Kostenanteil (pro Person nach Alter) in Prozent

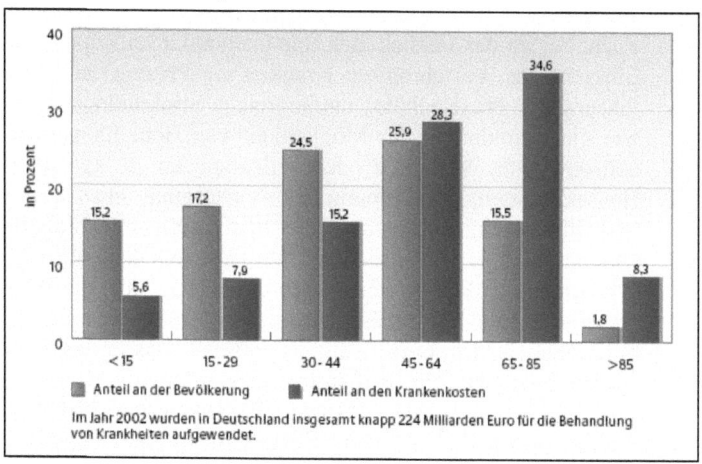

Quelle: www.die-gesundheitsreform.de

Mit mehreren, zumeist sehr umstrittenen Strukturvorhaben versucht die Bundesregierung seit Jahren, hierfür den notwendigen Rahmen herzustellen:

⇨ Beitragssicherungsgesetz (BSSichG) 2002: Staffelung des Rabatts der Apotheken an die Krankenkassen nach Arzneimittelpreisen sowie Rabatt der Pharmaproduzenten für jedes zu Lasten der GKV gehende Arzneimittel; Anhebung der Versicherungspflichtgrenze; Kürzung des Sterbegeldes um die Hälfte; Einfrieren der Vergütungen für stationäre, ambulante ärztliche und zahnärztliche Leistungen in 2003; Einfrieren der zahntechnischen Vergütung und Senkung des Leistungsanspruchs hierfür um 5 Prozent.

⇨ Zwölftes Änderungsgesetz zur Änderung des Fünften Sozialgesetzbuches (Zwölftes SGB V – Änderungsgesetz) 2003: Einfrieren der Verwaltungsausgaben der Kassen der gesetzlichen Krankenversicherung und Begrenzung bis 2007 entsprechend dem jährlichen Einnahmezuwachs.
⇨ Gesetz zur Modernisierung der gesetzlichen Krankenversicherung (GKV-Modernisierungsgesetz – GMG), weitgehend in Kraft getreten zum 1. Januar 2004: Neuordnung der Finanzen der GKV, insbesondere Maßnahmen zum Schuldenabbau; Zuzahlungen der Versicherten (bis maximal zwei Prozent des Einkommens, bei chronisch Kranken ein Prozent) und Einführung der Praxisgebühr; umfangreiche Strukturänderungen wie die Einräumung der Möglichkeit von Boni für gesundheitsbewusstes Verhalten oder Teilnahme am so genannten Hausarztmodell, Neuordnung der Versorgung mit Arznei- und Hilfsmitteln, Einrichtung eines unabhängigen Instituts für Qualität und Wirtschaftlichkeit im Gesundheitswesen (IQWiG) zum 1. Juli 2004 usw. Durch das GMG wurde die GKV „bereits im Jahr 2004 insgesamt in einer Größenordnung von rund 9 bis 10 Mrd. Euro finanziell entlastet. Das Entlastungsvolumen wird bis 2007 auf eine Größenordnung von rund 14 bis 15 Mrd. Euro ansteigen" (Deutscher Bundestag 2005: 76).
⇨ Zudem verpflichtet das Gesetz die Kassen, eine „elektronische Gesundheitskarte" einzuführen, die neben zentralen Informationen über die Versicherten auch elektronische Rezepte, eine Dokumentation über eingenommene Medikamente sowie Angaben zu einer Notfallversorgung enthalten soll. Die Karte wird keine reine Speicherkarte sein, sondern – wie ein Computer – mit einem Mikroprozessor ausgestattet sein. Die Befürworter erhoffen sich bei veranschlagten Einführungskosten von 1,4 Milliarden Euro eine dauerhafte Senkung von Verwaltungsgebühren und Verbesserung des Datentransfers zwischen medizinischen Leistungserbringern, Krankenkassen, Apotheken und Patienten (BMGS 2006). Auch die IT-Branche erwartet von diesem bislang größten Telematikprojekt einen erheblichen Konjunkturaufschwung. Kritiker hingegen halten die Kostenschätzung für unrealistisch und bezweifeln die Einhaltung des Datenschutzrechtes ebenso wie die erhoff-

ten Wirtschaftlichkeitsvorteile (Knop 2006). Die ursprünglich für 2006 geplante Feldtestphase ist inzwischen auf 2007 verschoben worden.
⇨ Weiterführende Schritte zur Gesundheitsreform beschloss das Kabinett im Sommer 2006. Der Entwurf zielt darauf, die Beiträge zu den Krankenkassen zu senken und den Leistungswettbewerb innerhalb der gesetzlichen Krankenkassen wie zwischen privaten und gesetzlichen Krankenkassen zu erhöhen. Vorgesehen ist u. a. die Streichung von Zahnersatz aus dem Leistungskatalog der GKV und die Einführung einer obligatorischen Zusatzversicherung hierfür; alleinige Zuständigkeit der Arbeitnehmer für die Versicherung des Krankengeldes ab 2006; Erhöhung der Zuzahlungen bei ärztlichen ambulanten und stationären Leistungen; weitestgehende Streichung von Taxifahrten, Sterbegeld, Sterilisationen, Zuzahlung für Sehhilfen; Senkung des allgemeinen Beitragssatzes auf 12,15 Prozent, gleichzeitige Steigerung der Kosten für Versicherte durch die obligatorische Zahnersatzversicherung sowie für die Krankengeldversicherung; Kopplung des Ärzteeinkommens an Fortbildungsnachweise; Änderungen in der Arzneimittelfinanzierung.

Extreme Kritik entzündete sich insbesondere an zwei Vorschlägen, mit denen das Gesundheitsministerium bzw. der Bewertungsausschuss von Krankenkassen und krankenärztlicher Bundesvereinigung im Sommer 2006 an die Öffentlichkeit traten: an der Einführung eines *Gesundheitsfonds* und an der Streichung von Vollnarkosen bei zahnärztlicher Behandlung aus dem Leistungskatalog der GKV. Die Einführung des *Gesundheitsfonds* trage, so die weit geteilte Meinung von Experten und Öffentlichkeit, nur zu einer Erhöhung des Verwaltungsaufwandes und damit der Kosten bei. Ebenfalls stieß der Vorschlag, Vollnarkosen aus dem Leistungskatalog der zahnärztlichen Versorgung zu streichen, auf vehementen Widerstand: insbesondere die Zahngesundheit von Kindern aus einkommensschwachen Familien werde sich dramatisch verschlechtern.

Abbildung 10: Die neue Gesundheitsversicherung

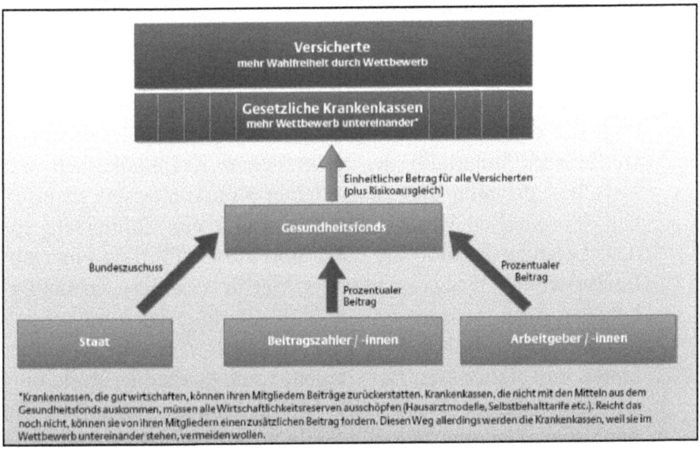

Die neue Gesundheitsversicherung, Quelle: www.die-gesundheitsreform.de

Der kurzfristige Rhythmus, mit dem neue Vorschläge zur Gesundheitsreform in die Öffentlichkeit gebracht werden, zeugt in diesem Bereich von einem heftigen Konfliktpotential, das auch in naher Zukunft kaum abebben wird. So steht die durch das GMG ausgelöste Rationalisierung und Ökonomisierung der Gesundheit im berechtigten Verdacht der Kritiker, die medizinische Versorgung langfristig zu verschlechtern und mit der Streichung medizinischer Leistungen aus dem Leistungskatalog die Inanspruchnahme medizinisch notwendiger Behandlungen an die Zahlungsfähigkeit der Patienten zu koppeln (Bauer 2006).

Weniger kritisch sind die Stimmen insgesamt zur 1995 eingeführten Pflege-Pflichtversicherung (PVV). Im Sozialbericht 2005 kommt die Bundesregierung zu der Auffassung, dass sich die soziale Pflegeversicherung in den zehn Jahren ihres Bestehens insgesamt bewährt habe und auf hohe Akzeptanz bei Pflegebedürftigen und Angehörigen stoße. Zur Zeit erhalten etwa 1,38 Millionen Menschen ambulante und 0,67 Millionen Menschen stationäre Leistungen aus der Pflegeversicherung. Allerdings wird in mittelbarer Zukunft der demografische Wandel auch die PVV vor neue

Herausforderungen stellen und somit eine tiefer greifende Reform unabwendbar machen (BMGS 2004a).

Weiterführende Literatur und Internetquellen:
www.diegesundheitsreform.de: Internetseite des Bundesministeriums für Gesundheit mit aktuellen Informationen zum Stand der Reform des Gesundheitswesens.
Braun, Bernard/Kühn, Hagen/Reiners, Hartmut 1998: Das Märchen von der Kostenexplosion: populäre Irrtümer der Gesundheitspolitik. Frankfurt am Main: Fischer.

5.5 Jugendhilfe

Das Kinder- und Jugendhilfegesetz (KJHG), heute das achte Sozialgesetzbuch, steht unter der Leitvorstellung, dass „jeder junge Mensch [...] ein Recht auf Förderung seiner Entwicklung und auf Erziehung zu einer eigenverantwortlichen und gemeinschaftsfähigen Persönlichkeit [hat]." (SGB VIII, § 1) Unter dieser Maßgabe soll das Gesetz

⇨ „junge Menschen in ihrer individuellen und sozialen Entwicklung fördern und dazu beitragen, Benachteiligungen zu vermeiden oder abzubauen,
⇨ Eltern und andere Erziehungsberechtigte bei der Erziehung beraten und unterstützen,
⇨ Kinder und Jugendliche vor Gefahren für ihr Wohl schützen,
⇨ dazu beitragen, positive Lebensbedingungen für junge Menschen und ihre Familien sowie eine kinder- und familienfreundliche Umwelt zu erhalten oder zu schaffen" (ebd.).

Insbesondere umfasst die Jugendhilfe Angebote der Jugendarbeit, der Jugendsozialarbeit und des erzieherischen Kinder- und Jugendschutzes; Angebote zur familiären Erziehung; Angebote zur Förderung von Kindern in Tageseinrichtungen und der Tagespflege; Hilfe zur Erziehung von Kindern; Hilfe für seelische Behinderungen von Kindern und Hilfe für junge Erwachsende (vgl. SGB VIII § 2). Zudem fällt es u. a. auch in den Bereich der Jugendhilfe, Pflegeerlaubnisse zu erteilen oder zu widerrufen, Kinder und Jugendliche gegebenenfalls in Obhut zu nehmen, Einrichtungen der freien Jugendhilfe zu genehmigen, zu kontrollieren und gegebenenfalls auch zu verbieten, Mütter bei Vaterschaftsfeststellungen und dem Geltendmachen von Zahlungsverpflichtungen zu unterstützen sowie bei Vormundschaftsangelegenheiten und Verfahren vor dem Jugendgericht mitzuwirken.

Das Kinder- und Jugendrecht fällt in den kommunalen Zuständigkeitsbereich. Die öffentliche Jugendhilfe setzt dabei auf eine vielfältige Landschaft anerkannter Träger der freien Jugendhilfe, die in drei hauptsächlichen Tätigkeitsfeldern der familienorientierten, gruppenorientierten und einzelfallorientierten Hilfen aktiv sind.

WIESBADEN – Nach Mitteilung des Statistischen Bundesamtes haben Bund, Länder und Gemeinden im Jahr 2004 insgesamt 20,7 Milliarden Euro für Kinder- und Jugendhilfe ausgegeben, 0,3% mehr als im Vorjahr. Nach Abzug der Einnahmen, unter anderem aus Gebühren und Teilnahmebeiträgen, wurden netto 18,5 Milliarden Euro für Kinder- und Jugendhilfe aufgewendet.

Über die Hälfte der Gesamtausgaben (10,9 Milliarden Euro; + 1% gegenüber 2003) wurde für den laufenden Betrieb von sowie für Investitionen in Einrichtungen der Kindertagesbetreuung (Kinderkrippen, Kindergärten, Horte und altersgemischte Einrichtungen) ausgegeben. Nach Abzug der Einnahmen in diesem Bereich verblieben netto 9,6 Milliarden Euro an Ausgaben.

Leistungen der Hilfe zur Erziehung kosteten die öffentlichen Träger der Kinder- und Jugendhilfe 2004 wie im Vorjahr insgesamt 4,8 Milliarden Euro. Zwei Drittel (rund 3,2 Milliarden Euro) dieser Ausgaben entfielen auf die Unterbringung junger Menschen außerhalb des Elternhauses in Vollzeitpflege, Heimerziehung oder anderer betreuter Wohnform.

Für Maßnahmen der Jugendarbeit, wie außerschulische Jugendbildung und Ferienerholungsmaßnahmen, wurden 1,3 Milliarden Euro aufgewendet (– 3%).

Statistisches Bundesamt, Pressemitteilung vom 25. November 2005

Ende 2002 waren bundesweit 568.249 Personen in den Arbeitsfeldern der Jugendhilfe beschäftigt – etwa 5.000 Beschäftigte weniger als noch vier Jahre zuvor. Der mit Abstand größte Teil der Beschäftigten arbeitete in den Kindertageseinrichtungen (374.170 Personen oder 59 Prozent), gefolgt von den Hilfen zur Erziehung mit 60.175 (11 Prozent) und der Jugendarbeit mit 32.099 (6 Prozent) Beschäftigten (Schilling/Pothmann et al. 2004: 1).

Eine hervorstechende und zukunftsweisende Kontroverse der Jugendpolitik ist gegenwärtig die Debatte über die Veränderung des so genannten „sozialrechtlichen Dreiecksverhältnisses". Hierunter wird die Praxis verstanden, dass das sozialrechtliche Leistungsverhältnis, das zwischen leistungsberechtigtem Bürger und dem öffentlichen Sozialleistungsträger besteht, um einen Dritten, den privaten Leistungserbringer, erweitert wird. In diesem Dreieck wird zwischen dem öffentlichen Sozialleistungsträger und einem privaten Leistungserbringer ein Leistungserbringungsvertrag geschlossen, „der den einzelnen personenrechtlichen Dienstleistungen vorgeschaltet ist und der nur klärt, was passiert, *wenn* ein Bürger die betreffende Dienstleistung tatsächlich in Anspruch nimmt." (Burghardt 2006: 27) Dieses eingespielte Dreiecksverhältnis, nach dem konzessionierte Träger bestimmte Leistungen im Auftrag der Kommune erbringen und in aller Regel dauerhaft für einen bestimmten Aufgabenbereich verantwortlich sind, wird durch eine Experimentierklausel im SGB III § 37 in Frage gestellt, die „wettbewerbliche Vergabeverfahren" ermöglicht. Der Einzug wettbewerblicher Elemente in die Sozialpraxis, die sich neben dem Sozialgesetzbuch auf das Wettbewerbsrecht der Europäischen Union bezieht und dieses auch im Bereich der Sozialpolitik angewandt sehen möchte, wird von den Befürwortern mit dem Argument der wirtschaftlichen Beschaffung von Leistungen und der Chancengleichheit der Anbieter begrüßt. Kritiker hingegen halten die Experimentierklausel des SGB III nur für den eingeschränkten Geltungsbereich der Personal-Service-Agenturen für rechtlich abgesichert und die weitergehende Anwendung auf soziale Träger weder wirtschaftlich, rechtlich noch hinsichtlich der erbrachten Leistungen für begrüßenswert. Das Modell der Auftragsvergabe, bei dem im Prinzip derjenige Anbieter den Zuschlag für die Erbringung einer bestimmten Sozialleistung erhält, der das kostengünstigste Angebot macht, steht in deutlichem Konflikt zu dem kooperativen Modell, das sich traditionell zwischen lokalen und regionalen Trägern der Jugendhilfe herausgebildet und prinzipiell bewährt hat. Insbesondere steht es dem derzeit vorherrschenden Leitbild sozialer Arbeit, dem sozialpädagogischen Konzept der „Sozialraumorientierung" (Wolfgang Hinte) entgegen, das ansetzend am Willen der Betroffenen für einen bestimmten Sozialraum (etwa ein Wohnquartier) in einem aufeinander bezogenen System der fallspezifischen, fallübergreifenden und fallunspezifischen Arbeit integrative und aktivierende Hilfen entwickeln will.

5.6 Familie und Frauen

„Das weithin geltende Geschlechterverhältnis wurde auf der Weltfrauenkonferenz in Kopenhagen 1980 auf die Formel gebracht: ‚Frauen machen die Hälfte der Menschheit aus, leisten zwei Drittel der Arbeit, verdienen 10% des Einkommens und verfügen über 1% des privaten Eigentums auf der Welt.'" (Hengsbach 1999: 58; vgl. auch Schmid 2004) Maßnahmen zur Änderung dieser Situation werden im Bereich der Familienpolitik und der Gleichstellungspolitik verfolgt.

Eine „nachhaltige" *Familienpolitik* ist ein zentrales Anliegen der gegenwärtigen Regierungskoalition, worunter das Schaffen „passender Rahmenbedingungen für Familien" und eine „familienfreundliche Gesellschaft" (BMFFSJ 2006b) verstanden werden, die mit einem „Mix aus Infrastruktur, Zeitpolitik und gezielter finanzieller Unterstützung" (Deutscher Bundestag 2005: 130) hergestellt werden sollen. Ein zentrales Ziel der familienpolitischen Arbeit ist die Vereinbarkeit von Familie und Beruf: Maßnahmen hierzu sind die „Lokalen Bündnisse für Familie", bei denen das Engagement von Unternehmen und Politik, Verbänden und Gewerkschaften, Kirchen und sozialen Einrichtungen mit Unterstützung eines Servicebüros für mehr „Familienfreundlichkeit vor Ort" (ebd.: 131) sorgen sollen.

Auch das zum Januar 2007 neu eingeführte „Elterngeld" soll dieses Ziel unterstützen: Der Gesetzentwurf zum Elterngeld sieht vor, dass der betreuende Elternteil im ersten Lebensjahr des Kindes eine Einkommensersatzleistung von mindestens 67 Prozent des entfallenden Nettoeinkommens bzw. mindestens 300 und maximal 1.800 Euro pro Monat erhält. Dieser Leistungszeitraum kann auf 14 Monate erhöht werden, wenn der andere Elternteil ebenfalls einen Anteil von mindestens zwei Monaten an der Kinderbetreuung im ersten Jahr übernimmt, wobei zwischen einer hälftigen Aufteilung (sieben und sieben Monate (parallel oder nacheinander)) und allen Varianten bis maximal zwölf plus zwei Monate gewählt werden kann. Das Elterngeld, das auch teilzeitarbeitende Eltern in Anspruch nehmen können, tritt an die Stelle des bisher für zwei Jahre gewährten Erziehungsgeldes.

Vorherrschendes Thema der *Gleichstellungspolitik* ist seit mehreren Jahren das so genannte „Gender Mainstreaming". Hierunter wird verstanden, „bei allen Vorhaben die unterschiedlichen Lebenssituationen und Interessen von Frauen und Männern von vornherein und regelmäßig zu berücksichtigen" (BMFFSJ 2006a).[35] Konkret bedeutet das, die unterschiedlichen Interessen und Lebenssituationen von Frauen und Männern „in der Struktur, in der Gestaltung von Prozessen und Arbeitsabläufen, in den Ergebnissen und Produkten, in der Kommunikation und Öffentlichkeitsarbeit, in der Steuerung (Controlling) von vorneherein zu berücksichtigen, um das Ziel der Gleichstellung von Frauen und Männern effektiv verwirklichen zu können" (BMFFSJ 2003: 5). Umfangreiche Informationen zum Stand der Gleichstellung gibt der „1. Datenreport zur Gleichstellung von Männern und Frauen in der Bundesrepublik Deutschland" (Cornelißen 2005).

---

[35] „Gender bezeichnet die gesellschaftlich, sozial und kulturell geprägten Geschlechtsrollen von Frauen und Männern. Diese sind – anders als das biologische Geschlecht – erlernt und damit auch veränderbar. Mainstreaming bedeutet, dass eine bestimmte inhaltliche Vorgabe, die bisher nicht das Handeln bestimmt hat, nun zu einem wichtigen Bestandteil bei allen Vorhaben gemacht wird. Durch die Ausrichtung an den Lebensrealitäten beider Geschlechter wird die Wirksamkeit der Maßnahmen und Vorhaben erhöht, da sie pass- und zielgenauer werden." (BMFFSJ 2006a)

6 Herausforderungen des Sozialstaates

6.1 Die Neue Soziale Frage

1976 veröffentlichte der damalige rheinland-pfälzische Minister für Soziales, Gesundheit, Jugend und Sport und spätere Bundesminister Heiner Geißler ein Buch mit dem Titel: „Die Neue Soziale Frage: Analysen und Dokumente".[36] Mit gut zehnjähriger Verspätung[37] erreichte damit eine zunächst in den USA, dann auch in Großbritannien geführte Debatte die Bundesrepublik, die sich an dem Befund wachsender Armut trotz hoher Wachstumsraten entzündet hatte.

Geißler geht in seiner Beschäftigung mit der neuen Armut davon aus, dass „zu dem Konflikt zwischen Arbeit und Kapital [...] Konflikte zwischen organisierten und nichtorganisierten Interessen, zwischen Minderheiten und Mehrheiten, zwischen Stadt und Land, zwischen den Machtausübenden und Machtunterworfenen innerhalb der organisierten gesellschaftlichen Gruppen getreten [sind]. Hier stellt sich die Neue Soziale Frage." (Geißler 1976b: 15) Anders als die amerikanische Debatte, die die neue Armut durchaus mit dem kapitalistischen Produktionsprozess in Verbindung brachte (vgl. Gordon 1972), sieht Geißler die neue Armut als Zeichen von nicht organisationsfähigen Randgruppen, die weder in den Aushandlungsprozess der von ihm für gleichstark gehaltenen Kapitaleigner und Arbeitnehmer eingebunden seien, noch über eine ausreichende Organisations- und Durchsetzungsmacht verfü-

---

[36] Zeitgleich erschien zudem ein Werk, das die hierüber geführten Debatten der Planungsgruppe der CDU-Bundesgeschäftsstelle dokumentiert (vgl. Dettling/Herder-Dorneich 1976).
[37] Eine Ausnahme bildet Wilfrid Schreiber, der bereits 1955 in dem „Schreiber-Plan" eine der „sozialen Frage von heute" (Schreiber 1955/2004: 32) angemessene Sozialpolitik forderte: „Wir brauchen Sozialpolitik nicht mehr als Feuerwehr gegen die Armut, sondern als konstruktive Gesellschaftspolitik in einer materiell gesicherten, aber noch um ihren Lebensstil ringenden Gesellschaft." (Schreiber 1961: 11)

gen, um sich in den sozialpolitischen Verteilungsprozessen Geltung zu verschaffen. Eine Einbindung in den Produktionsprozess hingegen schien Geißler ein ausreichendes Einkommen zu sichern: „Kein Bürger ist in Deutschland heute deshalb arm, weil er Arbeiter ist." (Geißler 1976a: 124)

Geißlers Intervention stieß auf erhebliche Kritik: Er klammere die Arbeitsbeziehungen aus, lege einen absoluten Begriff der Armut zu Grunde und übersehe somit die Dimensionen relativer Armut sowie ungerecht verteilte Teilhabechancen. Innerhalb des im Übrigen von ihm verkürzt dargestellten Konflikts zwischen Kapital und Arbeit vernachlässige Geißler die Ungleichverteilung der Durchsetzungschancen zwischen Stamm- und Randbelegschaften. Zudem seien die von Geißler neu entdeckten Randgruppen eine klassische Sozialstaatsklientel, so dass auch der Begriff einer „neuen" sozialen Frage nicht gerechtfertigt sei (hier: Buttler/Gerlach et al. 1978; vgl. insgesamt Widmaier 1978). Neben der ideologisch-theoretischen Diskussion sprachen auch die Fakten gegen Geißler: Massenarbeitslosigkeit und das Phänomen der „working poor" ließen eine Bewältigung der alten sozialen Frage seit den achtziger Jahren zweifelhaft erscheinen (Thibaut 2003).

Dennoch gibt es jenseits der Feststellung, dass die „Arbeiterfrage" nicht gelöst ist, Gründe für eine „Neuakzentuierung der sozialen Problematik in einer ‚Frage'" (Engelhardt 1978: 47). Diverse Vorschläge zur Bestimmung des Gehalts der Neuen Sozialen Frage liegen vor: Für Willy Brandt stellte die Nord-Süd-Problematik die „eigentliche soziale Frage" (zit. nach Engelhardt 1978: 50) dar. 2006 formuliert die SPD in der Debatte über ein neues Grundsatzprogramm ganz generell: „Die neue soziale Frage ist der Ausschluss von der Teilhabe am wirtschaftlichen, sozialen und kulturellen Leben." (SPD 2006; siehe auch Bruns 2006)

CDU-Generalsekretär Pofalla kritisierte in der Debatte über das ebenfalls neu zu entwickelnde Grundsatzprogramm der CDU, die SPD „reduziere den Gerechtigkeitsbegriff auf soziale Fragen. ‚Das ist völlig verengt. Wir hingegen fassen Gerechtigkeit viel weiter. Leistungsgerechtigkeit, Chancengerechtigkeit, Familiengerechtigkeit und Generationengerechtigkeit'" (Schwennicke 2006). Das Grünen-Netzwerk „Realismus & Substanz" bestimmt als neue soziale Frage einen ganzen Problemkomplex aus Arbeitslosigkeit,

Globalisierungsfolgen, ökologischen Katastrophen und sozialer Exklusion (Realismus & Substanz 2005). DIE LINKE sieht sich als die Partei, „die die soziale Frage im 21. Jahrhundert stellt" (Bisky 2006) und hofft, damit „unverwechselbar" (ebd.) zu werden. Für die FDP ist und bleibt „Bildung (...) die eigentliche Frage" (Pinkwart 2006).

Die in jüngster Zeit mit neuer Energie geführte Debatte über die neue soziale Frage deutet den weiterhin bestehenden Bedarf an, Problemkomplexe in einem Begriff zu fokussieren, die sich ohne diese verdichtende Leistung entweder in Einzelschicksale oder in Einzelprobleme auflösen, deren struktureller Zusammenhang verkannt wird. Konturen gewinnt eine solche Bündelung indessen nur, wenn sie der Tendenz widersteht, *jedes* aktuelle Problem zum Bestandteil einer „Neuen Sozialen Frage" zu stilisieren. Zwei im Begriff selbst angelegte Einschränkungen sind daher richtungsweisend für die Diskussion: die Bestimmung des Neuen und die Konzentration auf das Soziale. Unter dieser Prämisse lassen sich vier Kernherausforderungen identifizieren, die die neue soziale Frage von der alten „Arbeiterfrage" unterscheiden und die eine an der Lösung dieser Frage orientierte Sozialpolitik verarbeiten muss:

1. *Rückkehr in den Arbeitsmarkt:* Klassisch orientierte sich das deutsche System der Sozialversicherungen an der (männlichen) Normalerwerbsbiographie, indem es in seiner Finanzierungs- wie Hilfsstruktur auf eine auf Gegenseitigkeit beruhende Versicherung für Notfälle setzte. Strukturell war unterstellt, dass „re-entry", eine Rückkehr in den Erwerbsalltag, „normal" ist und die Phase der Erwerbslosigkeit eine Ausnahme darstellt. Dies kann heute aus verschiedenen Gründen – der generellen Beschäftigungssituation, der selbst wieder aus verschiedenen Gründen resultierenden Diskontinuität der Lebensarbeitszeit[38], der globalen Arbeitsteilung mit der Folge

---

[38] „Belegt ist eine sich verringernde Stabilität der Tätigkeit im ursprünglich erlernten Beruf, überhaupt eine geringere Stabilität der ‚Erwerbsrollen', verbunden mit häufigeren Wechseln zwischen Erwerbs- und Nichterwerbstätigkeit, auch zwischen abhängigen und selbständigen Tätigkeiten. Feststellbar ist auch eine langfristige Zunahme von teilzeitigen Tätigkeiten; die massiv angewachsenen Beschäftigungsprobleme sowie die hierauf reagierende Arbeitszeitpolitik der Gewerkschaften und

sich verschlechternder Bedingungen insbesondere für Geringqualifizierte – nicht mehr für selbstverständlich gehalten werden. Nur bedingt kann eine Verbesserung der Förderung von Risikogruppen[39] durch „Übergangsarbeitmärkte"[40] dieses Problem lösen, weil auch dieser sinnvolle Vorschlag sich an der grundsätzlichen Integrierbarkeit in den Arbeitsmarkt und einer „erfolgreichen Erwerbskarriere" (Schmid 2004: 415) orientiert und somit wenig Hoffnungen für diejenigen Bevölkerungsgruppen birgt, die keine Chance haben, in einer globa-

---

der Betriebsräte verstärken diesen Trend. Zuzunehmen scheinen auch die arbeits- und sozialversicherungsrechtlich ‚prekären' Arbeitsverhältnisse. Folgen für die bestehende Sozialversicherung: im Rahmen des bestehenden kategorialen Prinzips tritt eine Erosion der bisherigen Leitvorstellung einer ‚ungebrochenen', d.h. auch ununterbrochenen, vollständigen Versicherungsbiographie auf; selbständige und scheinselbständige Tätigkeiten fallen zumeist heraus (da zumeist nicht versicherungspflichtig); die Verkürzung der Versicherungspflichten reduziert die Ersatzraten bei den Geldleistungen (besonders stark bei den Altersrenten); durch die starke Lohn- und Äquivalenzorientierung schlagen individuelle Entscheidungen für teilzeitige Tätigkeiten relativ ‚ungebremst' auf die Ansprüche durch (mit Ausnahme der medizinischen Versorgung und eines eventuellen Pflegeanspruchs); dies führt zu Widerständen (falls sich die Betroffenen über die Konsequenzen im Klaren sind), selbst dann, wenn eine teilzeitige Tätigkeit den Betroffenen als Erwerbstätigkeit aktuell akzeptabel wäre." (Döring 1995: 89 f.)
[39] Neue Risikogruppen auf dem Arbeitsmarkt sind „erstens, generell die Geringqualifizierten, aber auch die traditionell qualifizierten älteren Facharbeiter oder Ingenieure, die – bei Arbeitslosigkeit – kaum noch Chancen der Reintegration haben, und zweitens viele junge Erwachsene (vor allem Frauen), deren Übergang in den Arbeitsmarkt sich viel schwieriger als früher gestaltet und die deshalb die Hauptlast der prekären Beschäftigungsverhältnisse tragen. Diese Risiken müssen im Zusammenhang mit der Erosion interner Arbeitsmärkte gesehen werden, die durch Globalisierung, technischen und sozialen Wandel ausgelöst wurde." (Schmid 2004: 384)
[40] „Fünf zentrale Krisensituationen wurden identifiziert, in denen es für eine erfolgreiche Erwerbskarriere darauf ankommt, dass geeignete Unterstützungs- oder Gelegenheitsstrukturen vorhanden sind: der Übergang von der Schule in den Beruf, der Wechsel von Betriebs- oder Beschäftigungsverhältnissen, der Übergang zwischen Erwerbs- und Familientätigkeiten, der Übergang zwischen Beschäftigung und Arbeitslosigkeit und schließlich der Übergang in die Rente oder teilweise Berufsunfähigkeit infolge Invalidität. Institutionelle Arrangements, die diese Übergänge in einer Weise überbrücken, dass die Erwerbskarriere nicht nur aufrechterhalten, sondern auch gefördert wird, wurden als Übergangsarbeitsmärkte bezeichnet. Sie sollen gewährleisten, dass Einkommensrisiken nicht nur gleichsam im Katastrophenfall der Arbeitslosigkeit, sondern generell in kritischen Phasen des Übergangs abgesichert werden." (Schmid 2004: 415; vgl. auch ders. 1993; Reissert 1998)

len Arbeitsteilung ihr Auskommen dauerhaft in einer regulären Arbeit zu finden.
2. *Erwerb berechtigter Ansprüche:* Zentrale Elemente des Sozialversicherungssystem beruhen auf der Einlösung berechtigter Ansprüche, die durch eigene Leistungen früher erworben wurden. Dieses auf Beitrags- und Leistungsgerechtigkeit beruhende Prinzip gilt insbesondere für die Sicherung gegen Arbeitslosigkeit und für die Rentenbezüge, das durch bedarfsorientierte Leistungen nur ergänzt wird. „Sozialpolitisch nicht vertretbar ist die Anwendung der Leistungsgerechtigkeitsnorm gleich welcher Ausgestaltung dort, wo davon auszugehen ist, daß keine Leistung möglich ist, die zu einem für den Lebensunterhalt ausreichenden Einkommen führen kann; etwa bei Dauerkranken oder Menschen mit schweren Behinderungen. Ähnliches gilt auch dort, wo Menschen vom Arbeitsprozeß ausgeschlossen sind (oder werden): bei Kindern und Asylbewerbern mit Arbeitsverbot." (Döring 2002: 19) Die Gruppe derjenigen, die keine eigenen Leistungen zur Begründung ihrer Rechte ins Feld führen können, wird im Zuge der Globalisierung wachsen und damit die soziale Frage auf eine Weise stellen, die eine sozialpolitische Verschiebung von einer stark betonten Leistungsgerechtigkeit zu mehr Bedürfnisgerechtigkeit erfordern wird, wenn der Saat weiterhin „gerecht" sein will (siehe auch Nullmeier/Vobruba 1995).
3. *Angewiesenheit aufeinander:* Im Verhältnis von Kapital und Arbeit existierte ein wechselseitiges Verhältnis der Abhängigkeit. Wenn auch auf der individuellen Ebene hieraus keine Verantwortung für den einzelnen Arbeiter abgeleitet werden kann, barg doch der Klassengegensatz ein Interesse der Unternehmer am Erhalt der „Arbeiterklasse". Dies kommt in der Beteiligung der Arbeitgeber an den Sozialversicherungssystemen zum Ausdruck, aber auch in der durch die Tarifautonomie geregelten, proceduralisierten Auseinandersetzung zwischen Unternehmern und Arbeitnehmern in den Tarifverhandlungen. Die Entkoppelung eines Teils der Bevölkerung, der nicht in den Arbeitsprozess integriert ist und keine Chance hat, hier integriert zu werden, sprengt dieses Angewiesenheitsverhältnis ebenso sehr wie das unternehmerische Droh-

potential von Standortverlagerungen und grenzt somit die alte soziale Frage von der neuen ab.
4. *Rahmende Nation:* Sozialstaaten sind historisch, rechtlich, wirtschaftlich und politisch im Rahmen des Nationalstaates entworfen und auf diesen bezogen. „Die ursprünglichen Konzepte ebenso der deutschen Sozialversicherung wie des liberalen Alternativ-Modells gehen im Grunde von der Vorstellung einer *geschlossenen* Wirtschaft bzw. Gesellschaft aus." (Döring 1995: 95) Weder Wirtschaft noch Gesellschaft sind heute noch geschlossen – wobei die unterschiedlichen Reaktionsweisen auf die damit verbundenen Chancen die sich hierdurch stellenden Herausforderungen noch verschärfen. Die Ablehnung weiter Bevölkerungsteile gegen die faktische Zuwanderung verhindert diese nicht, doch hält sie die Zuwandernden in einem Zustand der „Fremden" mit minderem Status. Dies ist nicht nur moralisch bedenklich, sondern es widerspricht auch der von Demografen vertretenen Auffassung, dass Zuwanderung die einzige Chance ist – und schon allein deshalb politisch gewollt werden *muss* –, den Trend der Alterung in Deutschland zu bremsen. Während die Gesellschaft verhalten bis ablehnend auf die Tatsache der Einwanderung reagiert, ist die mit der Offenheit verbundene Möglichkeit der Auswanderung auch nicht folgenlos: Exitoptionen aus dem Solidarsystem bieten sich den Starken und Reichen weit eher als den „Zurückgelassenen" und verschlechtern die Bedingungen funktionierender Solidarität. Die permanente und nicht immer redliche Klage über „zu hohe" Sozialkosten in Deutschland sind nicht zuletzt Drohgebärden gegen den Staat, die Profitbedingungen entweder zu optimieren oder mit noch mehr Arbeitslosen zurückgelassen zu werden. Die neue Herausforderung für den Sozialstaat besteht darin, diesen Einschüchterungsversuchen zu trotzen und die gesellschaftlichen Konzepte einer funktionierenden und integrativen Solidargemeinschaft angesichts einer offenen Wirtschaft neu zu definieren und durchzusetzen.

Die neue soziale Frage ist eingebettet in die geschilderten Herausforderungen, die der demografische Wandel, die Finanz-, Beschäftigungs- und Wirtschaftssituation, die deutsche Vereinigung, die

Finanzprobleme der Versicherungssysteme und nicht zuletzt der europäische Integrationsprozess und die Globalisierung stellen. Die Frage, welche Chancen der Sozialstaat auf Einlösung der elementaren Gerechtigkeitsverpflichtungen unter diesen Bedingungen hat, liegt auf der Hand. Thesenhaft wird im Folgenden abschließend zusammengefasst, in welche Richtung der deutsche Sozialstaat sich zur Zeit bewegt.

6.2 Abbau oder Umbau des Sozialstaates?

1. Die Kontroverse um Abbau oder Umbau des Sozialstaates ist eine verkürzte Perspektive auf die tatsächlichen Reformvorgänge, bei denen Aufbau, Abbau und Umbau Hand in Hand gehen.
Ein grundsätzlicher Abbau des Sozialstaats lässt sich anhand der bekannten Zahlen nicht belegen. Mit Ausnahme des Jahres 1997, in dem das Sozialbudget im Vergleich zum Vorjahr um 0,1 Prozent sank, ist der Umfang der jährlichen Ausgaben für Sozialleistungen kontinuierlich gewachsen und von wenigen Ausnahmen abgesehen hat sich auch der Anteil des Sozialbudgets am Bruttoinlandsprodukt von Jahr zu Jahr vergrößert (Deutscher Bundestag 2005: 192). Auch bezüglich der gestellten Aufgaben lässt sich insgesamt eine Ausweitung der Aufgabenfelder des Sozialstaates feststellen. Innerhalb dieser grundsätzlichen Tendenz eines Sozialstaatsausbaus finden gleichwohl Gewichtsverlagerungen in der finanziellen Gesamtverantwortung wie in einzelnen Leistungsbereichen statt, die nicht nur subjektiv, sondern faktisch einen Abbau an sozialstaatlicher Sicherheit für die Betroffenen bedeuten. So sind die Anteile der Versicherten an den Sozialbeiträgen zwischen 1991 und 2003 von 26,2 auf 25,8 Prozent gesunken, jedoch entsprachen die Aufwendungen der Versicherten hierfür im Jahr 2003 8,5 Prozent des Bruttoinlandsprodukts, während es 1991 nur 7,7 Prozent waren. Umgekehrt haben die Arbeitgeber ihren Anteil an den Sozialversicherungsbeiträgen im Verhältnis zu beiden Bezugsgrößen senken können: Zahlten sie 1991 noch 39,4 Prozent, waren es 2003 noch 34,1 Prozent,

was in den jeweiligen Jahren einem Anteil von 11,6 bzw. später 11,2 Prozent des Bruttoinlandsprodukts entsprach (Deutscher Bundestag 2005: 202). Ebenso hat sich die Verteilung der Kosten für das gesamte Sozialbudget verlagert: Zwischen 1991 und 2003 sank der Anteil der Unternehmen von 32,7 auf 26,8 Prozent, während vor allem Länder und Gemeinden deutliche Zuwächse zu verkraften hatten.

2. Die finanzielle Entlastung der Sozialversicherungssysteme senkt nicht die Gesamtkosten für soziale Sicherheit: eine Erhaltung des Niveaus muss individuell kompensiert werden und wirkt sozial selektiv.

Die Debatte über die Konsolidierung der gesetzlichen Rentenversicherung zeigte exemplarisch, dass eine Sicherung der Rentenstabilität nicht die Kosten senkt, die eine Erhaltung des Lebensstandards im Alter verursacht, sie verteilt sie nur anders zwischen den Lebensalterstufen und zwischen betroffenen Personengruppen. Gleiches gilt für die gesetzliche Krankenversicherung: Während die öffentlichen Haushalte zwischen 1992 und 2003 den Erfolg einer Kostensenkung von 21.151 Millionen Euro auf 18.786 Millionen verbuchen konnten, sind die Kosten der privaten Haushalte im gleichen Zeitraum von 17.391 auf 29.409 Millionen Euro gestiegen (Bauer 2006: 23). Die Entlastung der gesetzlichen Krankenversicherung durch das GKV-Modernisierungsgesetz, das für das Jahr 2004 in einer Höhe von 9 bis 10 Mrd. Euro veranschlagt wurde, reflektiert daher keine Kostensenkung, sondern eine Kostenverlagerung.

3. Die zunehmende Etablierung marktlicher Elemente im Sozialstaat, die sich in Rationalisierung, Ökonomisierung und Privatisierung niederschlägt, verkennt, dass der Sozialstaat vor allem deshalb existiert, weil der Markt bestimmte Leistungen, die gesamtgesellschaftlich wünschenswert sind, nicht hervorbringt. „Erfolge" solcher Strategien werden sich daher in erster Linie auch nicht im sozialpolitischen Bereich niederschlagen – etwa in Form einer besseren Absicherung, mehr Gerechtigkeit oder größerer Gleichheit –, sondern in einer Veränderung der ökonomischen Kosten- und Gewinnstrukturen.

Historisch stellt der Sozialstaat eine Reaktion auf ein umfassendes Marktversagen dar: Nicht nur konnte und kann die kapitalistische Wirtschaft nicht alle Arbeitssuchenden aufnehmen, sie sorgt auch nicht für Alter, Gesundheit oder besondere Bedürfnisse in besonderen Lebenslagen. Bedürftigkeit im weitesten Sinne ist keine Daseinsform des menschlichen Lebens, die über Marktmechanismen eine befriedigende Lösung erwarten kann. Sie ist aber eine Realität des Lebens, die jeden treffen kann und in aller Regel nicht gewählt wird. Die in einem Marktmodell unterstellte Rationalität eines *homo oeconomicus*, der vernünftig für oder gegen den Konsum bestimmter Waren entscheidet und Kosten-Nutzen-Kalküle anstellt, um seine Wahl zu begründen, widerspricht systematisch den Grundaufgaben und dem Grundgedanken des Sozialstaates als Kompensationsgröße für das Versagen dieses Mechanismus.

4. Der „aktivierende Sozialstaat" fordert mit Fug und Recht die verantwortliche Beteiligung aller nach ihren Möglichkeiten. Doch eine mangelnde Eigenverantwortung entspringt nicht allein dem schlechten Willen der Betroffenen. Dieser ist wohl beim klassischen Feind aller öffentlichen Güter, dem Trittbrettfahrer, anzutreffen, der eine bewusste, den Schaden der Allgemeinheit in Kauf nehmende Handlung begeht und dessen Verhalten gegebenenfalls mit Sanktionsandrohungen reguliert werden kann. Leistungsempfänger des Sozialstaates sind aber in der überwiegenden Mehrheit nicht Trittbrettfahrer, sondern in aller Regel Empfänger berechtigter Ansprüche, die sie entweder aufgrund früherer Leistungen und Einzahlungen oder aufgrund besonderer Bedürftigkeit oder aufgrund ihrer eigenen steuerlichen Beiträge zum Leistungsbezug berechtigen. Der Rechtsanspruch auf Hilfe in Lagen, die alleine nicht zu bewältigen sind, ist der große Fortschritt, der den Übergang vom Fürsorgewesen zum Sozialstaat markiert – und dieser sollte auch bei knappen Kassen nicht zurückgenommen werden.

5. Ohne Zweifel zeugen demografischer Wandel und bereits heute bestehende Finanzierungsdefizite der Versicherungssysteme von der Notwendigkeit sozialstaatlicher Reformen. Bei

aller berechtigten Kritik an den bestehenden Vorschlägen ist zu bedenken, dass die Aufgabe einer umfassenden politischen Umsteuerung weder leicht, noch für alle gleichermaßen befriedigend zu gestalten ist. Politikerschelte, die Kritik an „denen da oben", greift hier zu kurz: Auch die Bundesregierung kann Geld nicht herbeizaubern, vergangene Ausgaben, die sich heute als Schuldenlast türmen, rückgängig machen (von denen im Übrigen auch nicht die jeweilige Bundesregierung, sondern letztlich alle profitiert haben) oder sozialpolitische Entscheidungen treffen, die *niemandem* weh tun. Indessen ist es nicht allein eine Frage staatlicher Sozialpolitik und auch nicht allein eine Frage des Geldes, ob die Bundesrepublik ein „sozialer Bundesstaat" ist. Dies liegt auch in der Verantwortung der Gesellschaft und aller ihrer Mitglieder.

Soziale Frage und Sozialpolitik: Lektüreempfehlungen

Überblicksdarstellungen: Sozialpolitik in Deutschland

Allmendinger, Jutta/Ludwig-Mayerhofer, Wolfgang (Hrsg.), 2000: Soziologie des Sozialstaats. Gesellschaftliche Grundlagen, historische Zusammenhänge und aktuelle Entwicklungstendenzen. Weinheim/ München: Juventa.
Bäcker, Gerhard et al., 2000: Sozialpolitik und soziale Lage in Deutschland. Band 1 und 2. Wiesbaden: Westdeutscher Verlag.
Döring, Diether, 2004: Sozialstaat. Frankfurt am Main: Fischer.
Frerich, Johannes/Frey, Martin, 1993-1996: Handbuch der Geschichte der Sozialpolitik in Deutschland. Band 1 bis 3. München et al.: Oldenbourg.
Frevel, Bernhard/Dietz, Berthold, 2004: Sozialpolitik kompakt. Wiesbaden: VS Verlag für Sozialwissenschaften.
Kaufmann, Franz Xaver, 2002: Sozialpolitik und Sozialstaat. Soziologische Analysen. Opladen: Leske + Budrich.
Lampert, Heinz/Althammer, Franz, 2004: Lehrbuch der Sozialpolitik. 7. Aufl. Berlin et al.: Springer.
Leibfried, Stephan/Wagschal, Uwe, 2000: Der deutsche Sozialstaat. Bilanzen – Reformen – Perspektiven. Frankfurt: Campus.
Lessenich, Stephan (Hrsg.), 2003: Wohlfahrtsstaatliche Grundbegriffe. Historische und aktuelle Diskurse. Frankfurt am Main: Campus.
Mayer, Karl Ulrich, 2001: Die Beste aller Welten? Marktliberalismus versus Wohlfahrtsstaat. Frankfurt/New York: Campus.
Schmidt, Manfred, 2004: Sozialpolitik der DDR. Wiesbaden: VS Verlag für Sozialwissenschaften.
Schmidt, Manfred, 2005: Sozialpolitik in Deutschland. Historische Entwicklung und internationaler Vergleich. 3. vollständig überarbeitete und erweiterte Aufl. Wiesbaden: VS Verlag für Sozialwissenschaften.

Vergleichende Sozialstaatsforschung

Esping-Anderson, Gøsta, 2006: The three worlds of welfare capitalism. Reprint. Cambridge: Polity Press.
Merkel, Wolfgang, 2001: Soziale Gerechtigkeit und die drei Welten des Wohlfahrtskapitalismus. In: Berliner Journal für Soziologie (11) 2, 135-157.
Schmid, Josef, 2006: Wohlfahrtsstaaten im Vergleich. Soziale Sicherung in Europa. Organisation, Finanzierung, Leistungen und Probleme. Unveränderter Nachdruck der 2. Auflage. Wiesbaden: VS Verlag für Sozialwissenschaften.

Theorie und Geschichte des Sozialstaats

Fraser, Nancy, 2001: Die halbierte Gerechtigkeit. Schlüsselbegriffe des postindustriellen Sozialstaats. Frankfurt am Main: Suhrkamp.
Nullmeier, Frank, 2000: Politische Theorie des Sozialstaats. Frankfurt am Main: Campus.
Ritter, Gerhard A., 1991: Der Sozialstaat. Entstehung und Entwicklung im internationalen Vergleich. 2. Aufl. München: Oldenbourg.
Sachße, Christoph/Tennstedt, Florian, 1980-1992: Geschichte der Armenfürsorge in Deutschland. Band 1 bis 3. Stuttgart: Kohlhammer.

Armut und Exklusion

Castel, Robert, 1999: Metamorphosen der sozialen Frage. Eine Chronik der Lohnarbeit. Konstanz: UVK.
Häußermann, Hartmut/Kronauer, Martin/Siebel, Walter (Hrsg.), 2005: An den Rändern der Städte. Armut und Ausgrenzung. 2. Aufl. Frankfurt am Main: Suhrkamp.
Kronauer, Martin, 2002: Exklusion. Die Gefährdung des Sozialen im hochentwickelten Kapitalismus. Frankfurt am Main: Campus.

Ausgewählte Problemfelder

Becker, Irene/Hauser, Richard, 2006: Verteilungseffekte der Hartz IV-Reform. Berlin: edition sigma.

Döring, Diether, 2002: Die Zukunft der Alterssicherung. Europäische Strategien und der deutsche Weg. Frankfurt am Main: Suhrkamp.
Gottschall, Karin (Hg.), 2002: Zukunft der Arbeit und Geschlecht. Diskurse, Entwicklungspfade und Reformoptionen im internationalen Vergleich. Opladen: Leske + Budrich.
Kaufmann, Franz-Xaver, 2005: Schrumpfende Gesellschaft. Vom Bevölkerungsrückgang und seinen Folgen. Frankfurt am Main: Suhrkamp.
Leitner, Sigrid/Ostner, Ilona/Schratzenstaller, Margit (Hrsg.), 2003: Wohlfahrtsstaat und Geschlechterverhältnis im Umbruch. Wiesbaden: VS Verlag für Sozialwissenschaften.
Maier, Friederike/Fiedler, Angela (Hg.), 2002: Gender matters. Feministische Analysen zur Wirtschafts- und Sozialpolitik. Berlin: edition sigma.
Rosenbrock, Rolf/Gerlinger, Thomas, 2006: Gesundheitspolitik. Eine systematische Einführung. 2. Aufl. Bern: Huber.

Literatur

Aristoteles, 1983: Nikomachische Ethik. Stuttgart: Reclam.
Bäcker, Gerhard, 2004: Der Ausstieg aus der Sozialversicherung – Das Beispiel Rentenversicherung. In: WSI Mitteilungen 9/2004, 483-487.
Bade, Klaus. J., 2000: Europa in Bewegung. Migration vom späten 18. Jahrhundert bis zur Gegenwart. München: Beck.
Bartelheimer, Peter/Annett Schulz u.a., 2005: Expertise zur Neukonzeptionierung der Sozialberichterstattung des Landes NRW. Auszug. Bochum/Göttingen. http://www.mags.nrw.de (Zugangsdatum: 6.8.2006).
Bauer, Ullrich, 2006: Die sozialen Kosten der Ökonomisierung von Gesundheit. In: Aus Politik und Zeitgeschichte 8-9/2006, 17-24.
BDA, 2006: http://www.bda-online.de/www/bdaonline.nsf/ id/EAB55F8 0155BCFDFC1256DEA00592D90/$file/Sozialbudget_Funktion_08 2005.pdf (Zugangsdatum: 10.8.2006)
Becker, Joachim, 1994: Der erschöpfte Sozialstaat. Neue Wege zu sozialer Gerechtigkeit. Frankfurt am Main: Eichborn.
Berger, Peter A. 2005: Deutsche Ungleichheiten – eine Skizze. In: Aus Politik und Zeitgeschichte 28-29/2005, 7-15.
Bisky, Lothar, 2006: „Gemeinsam. Für eine neue soziale Idee!" http://sozialisten.de/sozialisten/parteibildung/wortlaut/view_html/zid 3436 8/bs1/n0 (Zugangsdatum: 14.12.2006).
Blaschke, Ronald, 2005: Hartz IV ist Armut per Gesetz! http://www.labournet.de/diskussion/arbeit/realpolitik/allg/armutsgrenzen.pdf (Zugangsdatum: 5.8.2006).
Blos, Kerstin/Helmut Rudolph, 2005: Simulationsrechnung zum Arbeitsgeld II: Verlierer, aber auch Gewinner. IAB-Kurzbericht 17/2005. Nürnberg: IAB.
BMAS, 2001a: Lebenslagen in Deutschland. Der erste Armuts- und Reichtumsbericht der Bundesregierung. Daten und Fakten. Bonn: Bundesministerium für Arbeit und Sozialordnung.
BMAS, 2001b: Sozialbericht/Sozialbudget 2001. Berlin: Bundesministerium für Arbeit und Sozialordnung.
BMAS, 2003: Sozialbudget 2003. Berlin: Bundesministerium für Arbeit und Sozialordnung.

BMAS, 2005a: Ergänzender Bericht der Bundesregierung zum Rentenversicherungsbericht 2005 gemäß § 154 Abs. 2 SGB VI (Alterssicherungsbericht 2005). Berlin: Bundesministerium für Arbeit und Soziales.

BMAS, 2005b: Lebenslagen in Deutschland. Der zweite Armuts- und Reichtumsbericht der Bundesregierung. Bonn: Bundesministerium für Arbeit und Sozialordnung.

BMAS, 2006: Hartz I-III. Berlin: Bundesministerium für Arbeit und Soziales. http://www.arbeitsmarktreform.de/Arbeitsmarktreform/Navigation/Moderner-Arbeitsmarkt/hartz-i-iii,did=44544.html (Zugangsdatum: 6.8.2006).

BMF, 2006: Monatsbericht des BMF, Juli 2006. Berlin: Bundesministerium für Finanzen.

BMFFSJ, 2003: Gender Mainstreaming – Was ist das? Berlin: Bundesministerium für Familie, Senioren, Frauen und Jugend.

BMFFSJ, 2006a: Gender Mainstreaming Berlin: Bundesministerium für Familie, Senioren, Frauen und Jugend. http://www.bmfsfj.de/Politikbereiche/Gleichstellung/gender-mainstreaming.html (Zugangsdatum: 10.8.2006).

BMFFSJ, 2006b: Grundsätze einer nachhaltigen Familienpolitik. Berlin: Bundesministerium für Familie, Senioren, Frauen und Jugend. http://www.bmfsfj.de/Politikbereiche/familie,did=20172.html (Zugangsdatum: 10.8.2006).

BMGS, 2004a: Dritter Bericht über die Entwicklung der Pflegeversicherung. Berlin: Bundesministerium für Gesundheit und soziale Sicherung.

BMGS, 2004b: Statistisches Taschenbuch 2004. Arbeits- und Sozialstatistik. Berlin: Bundesministerium für Gesundheit und soziale Sicherung.

BMGS, 2005: Statistisches Taschenbuch Gesundheit 2005. Berlin: Bundesministerium für Gesundheit und soziale Sicherung.

BMGS, 2006: Die Gesundheitskarte. http://www.die-gesundheitskarte.de (Zugangsdatum: 10.8.2006).

Böckenförde, Ernst-Wolfgang, 1992: Die sozialen Grundrechte im Verfassungsgefüge. In: ders. (Hg.), Staat, Verfassung, Demokratie. Studien zur Verfasungstheorie und zum Verfassungsrecht. Frankfurt am Main: Suhrkamp, 146-158.

Boeckh, Jürgen/Ernst-Ulrich Huster u.a., 2004: Sozialpolitik in Deutschland. Wiesbaden: utb.

Börsch-Supan, Axel, 1999: Gesetzliche Alterssicherung: Reformerfahrungen im Ausland. Köln: Deutsches Institut für Altervorsorge GmbH.

Borst, Arno, 1989: Lebensformen im Mittelalter. Frankfurt am Main/ Berlin: Ullstein.
Bourdieu, Pierre, 1998: Prekarität ist überall. In: ders. (Hg.), Gegenfeuer. Wortmeldungen im Dienste des Widerstands gegen die neoliberale Invasion. Konstanz: UVK, 96-102.
Braudel, Fernand, 1986: Sozialgeschichte des 15.-18. Jahrhunderts. Der Aufbruch zur Weltwirtschaft. Frankfurt am Main: Büchergilde Gutenberg.
Braun, Bernard/Hagen Kühn et al., 1998: Das Märchen von der Kostenexplosion: populäre Irrtümer der Gesundheitspolitik. Frankfurt am Main: Fischer.
Bruns, Tissy, 2006: SPD sieht neue soziale Frage, in: Tagesspiegel vom 08.04.2006.
Bundesagentur für Arbeit, 2006: Statistik der BA. http://www.pub.arbeitsamt.de/hst/services/statistik/detail_2004/d.html (Zugangsdatum: 5.8.2006)
Bundesregierung, 2003: agenda 2010 – Deutschland bewegt sich. Berlin: Presse- und Informationsamt der Bundesregierung.
Burghardt, Heinz, 2006: Sozialrechtliche Leistungserbringung und vergaberechtliche Ausschreibungsverfahren – rechtspolitische Erörterung aus Anlass der Vergabepraxis der Bundesagentur für Arbeit in der Benachteiligtenförderung. In: Bundesarbeitsgemeinschaft Jugendsozialarbeit e.V. (Hg.), Impulsveranstaltung Schul- und Berufsabschluss für Alle! Dokumentation. Bildungspakt für einen neuen Übergang Schule – Arbeitswelt. Bonn: Bundesarbeitsgemeinschaft Jugendsozialarbeit e.V., 22-38.
Buttler, Friedrich/Knut Gerlach u.a., 1978: Über den Zusammenhang von Arbeitsmarkt und Armut – Das alte an der „Neuen sozialen Frage". In: Widmaier, H. P. (Hg.), Zur Neuen Sozialen Frage. Berlin: Duncker & Humblot, 9-31.
Castel, Robert, 2000: Die Metamorphosen der Sozialen Frage. Eine Chronik der Lohnarbeit. Konstanz: UVK.
Cohen, G. A., 1989: On the Currency of Egalitarian Justice. In: Ethics 99, 906-944.
Conrad, Christoph, 1998: Alterssicherung. In: Hockerts, H. G. (Hg.), Drei Wege deutscher Sozialstaatlichkeit. NS-Diktatur, Bundesrepublik und DDR im Vergleich. München: Oldenbourg, 101-116.
Conze, Werner, 1966: Vom „Pöbel" zum „Proletariat" (Wiederabdruck, zuerst in Vierteljahresschrift für Sozial- und Wirtschaftsgeschichte, Bd. 41, Wiesbaden 1954). In: Wehler, H.-U. (Hg.), Moderne deutsche Sozialgeschichte Köln, Berlin: Kiepenheuer & Witsch, 111-136.

Cornelißen, Waltraud, 2005: 1. Datenreport zur Gleichstellung von Männern und Frauen in der Bundesrepublik Deutschland. Im Auftrag des Bundesministeriums für Familie, Senioren, Frauen und Jugend. München: Bundesministerium für Familie, Senioren, Frauen und Jugend.

Dahrendorf, Ralf, 1994: Der moderne soziale Konflikt. Essay zur Politik der Freiheit. München: dtv.

Dettling, Warnfried/Philipp Herder-Dorneich, 1976: Die neue soziale Frage und die Zukunft der Demokratie. Bonn: Eichholz Verlag.

Deutscher Bundestag, 2005: Sozialbericht 2005. Unterrichtung durch die Bundesregierung. Drucksache 15/5955, 1. 8.2005. Berlin: Deutscher Bundestag.

Deutscher Kinderschutzbund, 2005: Die Kinderarmut hat sich durch Hartz IV verdoppelt http://www.kinderschutzbund.de/front_content.php?bezug=21;50&idcatart=672&idcat=50 (Zugangsdatum: 8.8.2006).

DIHK, 2004: Wirtschaftspolitische Positionen 2004 der IHK-Organisationen. Berlin: Deutscher Industrie- und Handelskammertag.

Dirlmeier, Ulf 1978: Untersuchungen zu Einkommensverhältnissen und Lebenshaltungskosten in oberdeutschen Städten des Spätmittelalters (Mitte 14. bis Anfang 16. Jahrhundert). Heidelberg: Winter.

Döring, Diether, 1995: Anmerkungen zum Gerechtigkeitsbegriff der Sozialpolitik mit besonderer Berücksichtigung liberaler Vorstellungen zur Sozialversicherungspolitik. In: Döring, D./Nullmeier, F./Pioch, R./Vobruba, G. (Hg.), Gerechtigkeit im Wohlfahrtsstaat. Marburg: Schüren Presseverlag, 67-113.

Döring, Diether, 1999: Sozialstaat in unübersichtlichem Gelände. Erkundungen seiner Reformbedarfe unter sich verändernden Rahmenbedingungen. In: Döring, D. (Hg.), Sozialstaat in der Globalisierung. Frankfurt am Main: Suhrkamp, 11-40.

Döring, Diether, 2002: Die Zukunft der Alterssicherung. Frankfurt am Main: Suhrkamp.

Dworkin, Ronald, 1981: What is Equality? Part 2: Equality of Ressources In: Philosophy and Public Affairs 10, 238-345.

Edinger, Michael/Andreas Hallermann u.a., 2004: Politische Kultur im Freistaat Thüringen. Gerechtigkeit und Eigenverantwortung. Einstellungen zur Reform des Sozialstaates. Ergebnisse des Thüringen-Monitors 2004. Jena: Friedrich-Schiller-Universität Jena. Institut für Politikwissenschaft.

Engelhardt, Werner Wilhelm, 1978: Alte und neue soziale Fragen – zu ihren begrifflichen, historischen, zeitanalytischen und systematischen Zusammenhängen. In: Widmaier, H. P. (Hg.), Zur Neuen Sozialen Frage Berlin: Duncker & Humblot, 33-55.

Esping-Andersen, Gosta, 1991: The three worlds of Welfare Capitalism. Cambridge: Polity.
Esping-Andersen, Gosta, 2002: Why we need a new welfare state. Oxford: Oxford University Press.
Ewald, François, 1993: Der Vorsorgestaat. Frankfurt am Main: Suhrkamp.
Forst, Rainer, 1996: Kontexte der Gerechtigkeit. Politische Philosophie jenseits von Liberalismus und Kommunitarismus. Frankfurt am Main: Suhrkamp.
Frerich, Johannes, 1996: Sozialpolitik: Das Sozialleistungssystem der Bundesrepublik Deutschland. Darstellung, Probleme und Perspektiven der sozialen Sicherung. 3. Aufl., München: Oldenbourg.
Frerich, Johannes/Martin Frey, 1993: Handbuch der Geschichte der Sozialpolitik. Band 1: Von der vorindustriellen Zeit bis zum Ende des Dritten Reichs. München: Oldenbourg.
Frevel, Bernhard/Berthold Dietz, 2004: Sozialpolitik kompakt. Wiesbaden: VS Verlag für Sozialwissenschaften.
Gallie, Duncan/Serge Paugam u.a., 2002: Social precarity and social integration, Oktober 2002. Luxemburg: Office for Official Publications of the European Communities.
Geißler, Heiner, 1976a: Armut im Wohlfahrtsstaat. In: Sozialer Fortschritt 25.
Geißler, Heiner, 1976b: Die Neue Soziale Frage. Freiburg: Herder.
Geremek, Bronislaw, 1991: Geschichte der Armut. Elend und Barmherzigkeit in Europa. München: dtv.
Gerlinger, Thomas/Hans-Jürgen Urban, 2004: Auf neuen Wegen zu neuen Zielen? Die Offene Methode der Koordinierung und die Zukunft der Gesundheitspolitik in Europa. In: Kaelble, H./Schmid, G. (Hg.), Das europäische Sozialmodell. Auf dem Weg zum transnationalen Sozialstaat. Berlin: edition sigma, 263-288.
Gordon, David M., 1972: Theories of poverty and underemployment; orthodox, radical, and dual labor market perspectives. Lexington Mass.: Lexington Books.
Grab, Walter (Hg.), 1980: Die Revolution von 1848/49. Eine Dokumentation. 131 Dokumente und eine Zeittafel. München: Nymphenburger Verlagsbuchhandlung.
Hahlen, Johann, 2002: Entwicklungen des deutschen Sozialstaates – Daten der amtlichen Statistik. In: Wirtschaft und Statistik 12/2002, 1044-1055.
Hartz, Peter, 2002: Moderne Dienstleistungen am Arbeitsmarkt. Bericht der Kommission. Berlin: Bundesministeriums für Arbeit und Sozialordnung (Broschüre A 306).

Hengsbach, Friedhelm, 1999: Ein erweiterter Gesellschaftsvertrag im Schatten der Globalisierung. In: Döring, D. (Hg.), Sozialstaat in der Globalisierung. Frankfurt am Main: Suhrkamp, 41-88.
Hentschel, Volker, 1983: Geschichte der deutschen Sozialpolitik. 1880-1980. Soziale Sicherung und kollektives Arbeitsrecht. Frankfurt am Main: Suhrkamp.
Herzog, Roman, 1988: Demokratie und Sozialstaat. In: Maydell, B. v./ Kannengießer, W. (Hg.), Handbuch Sozialpolitik Pfullingen: Neske, 79-93.
Hiltrop, 1879: Zur socialen Frage. Berlin: Carl Heymann's Verlag.
Hinrichs, Jutta/Elvira Giebel-Felten, 2002: Die Entwicklung des Arbeitsmarktes 1962-2001. Konrad-Adenauer-Stiftung, Arbeitspapier Nr. 82. Sankt Augustin.
Höffe, Otfried, 1988: Das Prinzip Gerechtigkeit. In: Maydell, B. v./ Kannengießer, W. (Hg.), Handbuch Sozialpolitik Pfullingen: Neske, 66-78.
Höffner, Joseph, 1962: Sozialpolitik. In: Görres-Gesellschaft (Hg.), Staatslexikon: Recht Wirtschaft Gesellschaft, 6. Auflage, Freiburg: Herder, 347-360.
IAB, 2006: Anhebung der Rentenaltersgrenze – Pro und Contra Rente mit 67. IAB Kurzbericht Ausgabe Nr. 8/16.5.2006. http://doku.iab. de/kurzber/2006/kb0806.pdf (Zugangsdatum 10.8.2006).
Institut der deutschen Wirtschaft Köln, 2002: Deutschland in Zahlen 2002. Köln: Deutscher Instituts-Verlag.
Institut für Demoskopie Allensbach, 2004: Der Wert der Freiheit. Ergebnisse einer Grundlagenstudie zum Freiheitsverständnis der Deutschen. Oktober/November 2003. IfD Allensbach. http://www.ifdallensbach.de (Zugangsdatum: 21.5.2006).
Jann, Werner/Günther Schmid (Hg.), 2004: Eins zu eins? Eine Zwischenbilanz der Hartz-Reformen am Arbeitsmarkt. Berlin: edition sigma.
Jessop, Bob, 1996: Veränderte Staatlichkeit. In: Grimm, D. (Hg.), Frankfurt am Main: Suhrkamp, 43-74.
Kaelble, Hartmut/Günther Schmid, 2004: Einleitung: Das europäische Sozialmodell. In: dies. (Hg.), Das europäische Sozialmodell. Auf dem Weg zum transnationalen Sozialstaat Berlin: edition sigma, 11-28.
Kaltenborn, Bruno/Juliana Schiwarow, 2005: Hartz IV: Deutlich mehr Fürsorgeempfänger/innen. In: Blickpunkt Arbeit und Wirtschaft 1/2005.
Kaps, Petra, 2006: Arbeitsmarktintegration oder Haushaltskonsolidierung? Interesse, Zielkonflikte und Ergebnisse kommunaler Beschäftigungspolitik. Wiesbaden: VS Verlag für Sozialwissenschaften.

Kaufmann, Franz-Xaver, 1996: Diskurse über Staatsaufgaben. In: Grimm, D. (Hg.), Frankfurt am Main: Suhrkamp, 15-50.
Kaufmann, Franz-Xaver, 1997: Herausforderungen des Sozialstaates. Frankfurt a. Main/New York: Suhrkamp.
Kaufmann, Franz-Xaver, 2003a: Sozialpolitisches Denken. Die deutsche Tradition. Frankfurt am Main: Suhrkamp.
Kaufmann, Franz-Xaver, 2003b: Varianten des Wohlfahrtsstaats. Der deutsche Sozialstaat im internationalen Vergleich. Frankfurt am Main: Suhrkamp.
Kern, Kristine/Hildegard Theobald, 2004: Konvergenz der Sozialpolitik in Europa? Transnationalisierung der Rentenversicherung und der Altenbetreuung. In: Kaelble, H./Schmid, G. (Hg.), Das europäische Sozialmodell. Auf dem Weg zum transnationalen Sozialstaat. Berlin: edition sigma, 289-315.
Kersting, Wolfgang, 2000: Rechtsphilosophische Probleme des Sozialstaats. Baden-Baden: Nomos.
Kintzinger, Martin, 1991: Medizinisches Fachpersonal in mittelalterlichen Städten. In: Gestrich, A. (Hg.), Historische Wanderungsbewegungen: Migration in Antike, Mittelalter und Neuzeit. Münster/Hamburg: Lit, 79-99.
Kitschelt, Herbert, 1994: The Transformation of European Social Democracy. Cambridge: Cambridge University Press.
Kitschelt, Herbert, 2004: Diversification and Reconfiguration of Party Systems in Postindustrial Democracies. Bonn: Friedrich-Ebert-Stiftung.
Kitschelt, Herbert/Anthony J. McGann, 1995: The Radical Right in Western Europe. A Comparative Analysis. Ann Arbor: The University of Michigan Press.
Knop, Carsten, 2006: Später, teurer und auch noch unsicher?, in: Frankfurter Allgemeine Zeitung vom 2. 1.2006.
Kocka, Jürgen, 1983: Lohnarbeit und Klassenbildung. Bonn: Dietz Nachfolger.
Kronauer, Martin, 2002: Exklusion. Die Gefährdung des Sozialen im hoch entwickelten Kapitalismus. Frankfurt am Main: Campus.
Ladwig, Bernd, 2004: Gerechtigkeit. In: Göhler, G./Iser, M./Kerner, I. (Hg.), Politische Theorie. 22 umkämpfte Begriffe zur Einführung. Wiesbaden: VS Verlag für Sozialwissenschaften/UTB, 119-136.
Lamping, Wolfram/Henning Schridde u.a., 2002: Der Aktivierende Staat. Positionen, Begriffe, Strategien. Studie für den Arbeitskreis Bürgergesellschaft und Aktivierender Staat der Friedrich-Ebert-Stiftung. Bonn: Friedrich-Ebert-Stiftung.

Landes, David S., 1973: Der entfesselte Prometheus. Technologischer Wandel und industrielle Entwicklung in Westeuropa von 1750 bis zur Gegenwart. Köln: Kiepenheuer & Witsch.
Marshall, Thomas H., 1992a: Staatsbürgerrechte und soziale Klassen. In: ders. (Hg.), Bürgerrechte und soziale Klassen. Zur Soziologie des Wohlfahrtsstaates Frankfurt am Main: Campus, 33-94.
Marshall, Thomas H., 1992b: Wertprobleme des Wohlfahrtskapitalismus. In: ders. (Hg.), Bürgerrechte und soziale Klassen. Zur Soziologie des Wohlfahrtsstaates Frankfurt am Main: Campus, 109-130.
Marx, Karl, 1984: Das Kapital, Band 1. Berlin: Dietz Nachfolger.
Mauss, Marcel, 1968: Die Gabe. Einführung von E.E. Evans-Pritchard. Frankfurt am Main: Suhrkamp.
Nozick, Robert, 1974: Anarchy, State, and Utopia. New York: Basic Books.
Nullmeier, Frank, 2000: Politische Theorie des Sozialstaats. Frankfurt am Main/New York: Campus.
Nullmeier, Frank/Georg Vobruba, 1995: Gerechtigkeit im sozialpolitischen Diskurs. In: Döring, D./Nullmeier, F./Pioch, R./Vobruba, G. (Hg.), Gerechtigkeit im Wohlfahrtsstaat. Marburg: Schüren Presseverlag, 11-66.
Nussbaum, Martha C., 1999: Gerechtigkeit oder Das gute Leben. Frankfurt am Main: Suhrkamp.
OECD, 2006: OECD Factbook 2006 – Economic, Environmental and Social Statistics. Paris: OECD.
Oxley, H./M. MacFarlan, 1995: Health Care Reform: Controlling Spending and Increasing Efficiency. OECD Economic Studies, No. 24. Paris: OECD.
Paugam, Serge, 1998: Von der Armut zur Ausgrenzung: Wie Frankreich eine neue soziale Frage lernt. In: Voges, W./Kazepov, Y. (Hg.), Armut in Europa. Wiesbaden: Chmielorz GmbH, 117-136.
Paugam, Serge, 2002: La disqualification sociale: essai sur la nouvelle pauvreté. 2. Auflage, Paris: Quadrige / Presses Univ. de France.
Pinkwart, Andreas, 2006: Das neue NRW zieht an. Rede auf dem Landesparteitag der FDP am 29. April 2006, http://www.das-neue-nrw.de/files/557/REDE-LPT-2006.pdf (Zugangsdatum 14.12.2006).
Platon, 2005: Der Staat. Darmstadt: Wissenschaftliche Buchgesellschaft.
Rawls, John, 1993: Eine Theorie der Gerechtigkeit. 7. Auflage Frankfurt am Main: Suhrkamp.
Rawls, John, 1994: Die Idee des Politischen Liberalismus. Aufsätze 1978-1989. Frankfurt am Main: Suhrkamp.
Realismus & Substanz, 2005: Die neue soziale Frage beantworten. Ein Sozialstaatsmodell für das Globalisierungszeitalter. Berlin. http://

www.gruene-frankfurt.de/partei/downloads/dieneuesozialefrage 05. pdf (Zugangsdatum: 21.7.2006).
Reissert, Bernd, 1998: Wie bewältigen Arbeitslosenunterstützungssysteme den Wandel auf den Arbeitsmärkten? Eine vergleichende Darstellung. In: Bosco, A./Hutsebaut, M. (Hg.), Sozialer Schutz in Europa. Veränderungen und Herausforderungen. Marburg: Schüren Presseverlag, 246-257.
Ritter, Gerhard A., 1988: Zur Geschichte der sozialen Ideen im 19. und frühen 20. Jahrhundert. In: v. Maydell, B./Kannengießer, W. (Hg.), Handbuch Sozialpolitik Pfullingen: Neske, 12-63.
Ritter, Gerhard A., 1991: Der Sozialstaat. Entstehung und Entwicklung im internationalen Vergleich. München: Oldenbourg.
Ritter, Gerhard A., 1998: Soziale Frage und Sozialpolitik in Deutschland seit Beginn des 19. Jahrhunderts. Opladen: Leske + Budrich.
Ritter, Gerhard A./Klaus Tenfelde, 1992: Arbeiter im Deutschen Kaiserreich 1871-1914. Bonn: Dietz Nachfolger.
Rose, Richard/Phillipp L. Davies, 1994: Inheritance in Public Policy: Change Without Choice in Britain. New Haven, London: Yale University Press.
Rowntree, B. Seebohm, 1902: Poverty. A Study of Town Life. London: Macmillan.
Sachße, Christoph/Florian Tennstedt, 1980: Geschichte der Armenfürsorge in Deutschland. Vom Spätmittelalter bis zum Ersten Weltkrieg. Stuttgart u.a.: Kohlhammer.
Sachße, Christoph/Florian Tennstedt, 1988: Geschichte der Armenfürsorge in Deutschland. Fürsorge und Wohlfahrtspflege 1871 bis 1929. Stuttgart u.a.: Kohlhammer.
Sandel, Michael, 1982: Liberalism and the Limits of Justice. Cambridge: Cambridge University Press.
Schilling, Matthias/Jens Pothmann u.a., 2004: Kinder- und Jugendhilfe am Turning Point!? – Auswertungen und Analysen zu den Einrichtungs- und Personaldaten. In: Forum Jugendhilfe, Heft 2/2004, 48-52.
Schmid, Günther, 1993: Übergänge in die Vollbeschäftigung – Formen und Finanzierung einer zukunftsgerechten Arbeitsmarktpolitik. WZB-Discussion Paper FS I 93-208. Berlin: Wissenschaftszentrum Berlin für Sozialforschung.
Schmid, Günther, 2003: Moderne Dienstleistungen am Arbeitsmarkt: Strategie und Vorschläge der Hartz-Kommission. In: Aus Politik und Zeitgeschichte, 06-07/2003: 3-6.
Schmid, Günther, 2004: Risikomanagement im europäischen Sozialmodell. Arbeitsmarktpolitische und normative Aspekte eines Paradigmenwechsels. In: Kaelble, H./Schmid, G. (Hg.), Das europäische

Sozialmodell. Auf dem Weg zum transnationalen Sozialstaat Berlin: edition sigma, 375-421.

Schmidt, Manfred, 1998: Sozialpolitik in Deutschland. Historische Entwicklung und internationaler Vergleich. Opladen: Leske+Budrich.

Schmittmann, B., 1926: Sozialversicherung. In: Elster, L./Weber, A./ Wieser, F. (Hg.), Handwörterbuch der Staatswissenschaften Jena: Gustav Fischer: 622-650.

Schreiber, Wilfrid, 1955/2004: Existenzsicherheit in der industriellen Gesellschaft. Vorschläge zur „Sozialreform". In: Bund katholischer Unternehmer (Hg.), Grundwahrheiten des Schreiberplans. Bedingungen für eine ehrliche Sozialpolitik Köln: BKU, 28-72.

Schreiber, Wilfrid, 1961: Sozialpolitik in einer freien Welt. Osnabrück.

Schröder, Gerhard/Tony Blair, 1999: Der Weg nach vorne für Europas Sozialdemokraten. In: Blätter für deutsche und internationale Politik 44(7), 887-896.

Schulte, Bernd, 2004: Die Entwicklung der Sozialpolitik der Europäischen Union und ihr Beitrag zur Konstituierung des europäischen Sozialmodells. In: Kaelble, H./Schmid, G. (Hg.), Das europäische Sozialmodell. Auf dem Weg zum transnationalen Sozialstaat. Berlin: edition sigma, 75-103.

Schwennicke, Christoph, 2006: Programmdebatte in der CDU. Neue Freiheit. In: Süddeutsche Zeitung vom 24.4.2006.

Sen, Armatya, 1979: Equality of What? The Tanner Lecture on Human Values, Stanford University, 22.5.1979. http://www.tannerlectures.utah.edu/lectures/sen80.pdf (Zugangsdatum: 22.5.2006).

Sen, Armatya, 1983: Poor, relatively speaking. In: Oxford Economic Papers Vol. 35, Number 1, 153-169.

Siemann, Wolfram, 1997a: Die deutsche Revolution von 1848/49. Darmstadt: Wissenschaftliche Buchgesellschaft.

Siemann, Wolfram, 1997b: Gesellschaft im Aufbruch. Deutschland 1849-1871. Darmstadt: Wissenschaftliche Buchgesellschaft.

Sozialdezernat Kiel, 2001: Leitlinien, Grundsätze und Ziele der kommunalen Sozial-, Gesundheits- und Jugendhilfepolitik Kiel. http://www.kiel.de/Dezernate_und_Bueros/Dezernat_IV/Leitlinien_Kieler_Sozialpolitik1.pdf (Zugangsdatum: 21.7.2006).

SPD, 2006: Soziale Gerechtigkeit für das 21. Jahrhundert. Leitsätze auf dem Weg zum neuen Grundsatzprogramm der SPD. Berlin: SPD.

Statistisches Bundesamt (Hg.), 2002: Datenreport 2002. In Zusammenarbeit mit WZB und ZUMA. Bonn: Bundeszentrale für politische Bildung.

Statistisches Bundesamt, 2003: Bevölkerung Deutschlands bis 2050. 10. koordinierte Bevölkerungsvorausberechnung. Wiesbaden: Statistisches Bundesamt.
Statistisches Bundesamt, 2004: Datenreport 2004. In Zusammenarbeit mit WZB und ZUMA. Bonn: Bundeszentrale für politische Bildung.
Statistisches Bundesamt, 2005: Statistisches Jahrbuch für die Bundesrepublik Deutschland 2005. Wiesbaden: Statistisches Bundesamt.
Statistisches Bundesamt, 2006: Öffentliche Schulden. http://www.destatis. de/basis/d/fist/fist025.php.
Stein, Lorenz von, 1848: Der Socialismus und Communismus des heutigen Frankreichs. Band 1. Leipzig: Wigand.
Stein, Lorenz von, 1876: Gegenwart und Zukunft der Rechts- und Staatswissenschaft Deutschlands. Stuttgart: Cotta.
Stein, Lorenz von, 1921: Geschichte der sozialen Bewegung in Frankreich von 1789 bis auf unsere Tage. Band 3. München.
Thibaut, Bernd, 2003: Soziale Frage. In: Nohlen, D. (Hg.), Lexikon der Politik, Bd. 7 (Digitale Bibliothek Band 79) Berlin: directmedia, 9669-9671.
Torp, Cornelius, 2005: Die Herausforderung der Globalisierung. Wirtschaft und Gesellschaft in Deutschland 1860-1914. Göttingen: Vandenhoeck.
Townsend, Peter, 1962: The Meaning of Poverty. In: British Journal of Sociology Vol. XIII, No. 3, 210-227.
Tugendhat, Ernst, 1993: Vorlesungen über Ethik. Frankfurt am Main: Suhrkamp.
UNDP, 1999: Human Development Report 1999. Oxford: Oxford University Press.
ver.di, 2004: Wirtschafts- und Finanzpolitik: „Lohnnebenkosten senken"? – Kaufkraft stärken! Argumente 02/04. Berlin: ver.di.
Wassermann, 1998: Grundrechte in ostdeutscher Sicht. In: NJW, 3025-3026.
Weber, Axel A. 2006: Demographie und Kapitalmärkte. http://www. bundesbank.de/download/presse/reden/2006/20060110_weber_x1y5. pdf (Zugangsdatum: 10.8.2006).
Wehler, Hans-Ulrich, 1989: Deutsche Gesellschaftsgeschichte. Zweiter Band: Von der Reformära bis zur industriellen und politischen „Deutschen Doppelrevolution" 1815-1845/49. München: Beck.
Wehler, Hans-Ulrich, 1995: Deutsche Gesellschaftsgeschichte. Dritter Band: Von der „Deutschen Doppelrevolution" bis zum Ersten Weltkrieg. 1849-1914. München: Beck.
Widmaier, Hans Peter (Hg.), 1978: Zur Neuen Sozialen Frage. Berlin: Duncker & Humblot.

Wiese, Ludwig von, 1926: Sozialpolitik. In: Elster, L./Weber, A./Wieser, F. (Hg.), Handwörterbuch der Staatswissenschaften Jena: Gustav Fischer, 612-622.
Willke, Helmut, 1992: Ironie des Staates. Grundlinien einer Staatstheorie polyzentrischer Gesellschaften. Frankfurt am Main: Suhrkamp.
Wilson, Harold, 1953: The War on World Poverty. An Appeal to the Conscience of Mankind. London: Victor Gonzales Ltd.
Zeisel, Hans, 1960: Zur Geschichte der Soziographie. In: Jahoda, M./Lazarsfeld, P. F./Zeisel, H. (Hg.), Die Arbeitslosen von Marienthal. Ein soziographischer Versuch über die Wirkungen langandauernder Arbeitslosigkeit. Frankfurt am Main: Suhrkamp, 113-133.

Neu im Programm Politikwissenschaft

Peter Becker / Olaf Leiße
Die Zukunft Europas
Der Konvent zur Zukunft der Europäischen Union
2005. 301 S. Br. EUR 26,90
ISBN 3-531-14100-7

Jörg Bogumil / Werner Jann
Verwaltung und Verwaltungswissenschaft in Deutschland
Einführung in die Verwaltungswissenschaft
2005. 316 S. (Grundwissen Politik Bd. 36) Br. EUR 26,90
ISBN 3-531-14415-4

Jürgen Dittberner
Die FDP
Geschichte, Personen, Organisation, Perspektiven. Eine Einführung
2005. 411 S. Br. EUR 24,90
ISBN 3-531-14050-7

Jürgen W. Falter / Harald Schoen (Hrsg.)
Handbuch Wahlforschung
2005. XXVI, 826 S. Geb. EUR 49,90
ISBN 3-531-13220-2

Eberhard Schneider
Das politische System der Ukraine
Eine Einführung
2005. 210 S. Br. EUR 19,90
ISBN 3-531-13847-2

Bernhard Schreyer / Manfred Schwarzmeier
Grundkurs Politikwissenschaft: Studium der Politischen Systeme
Eine studienorientierte Einführung
2. Aufl. 2005. 243 S. Br. EUR 17,90
ISBN 3-531-33481-6

Klaus Schubert (Hrsg.)
Handwörterbuch des ökonomischen Systems der Bundesrepublik Deutschland
2005. 516 S. Br. EUR 36,90
ISBN 3-8100-3588-2

Rüdiger Voigt / Ralf Walkenhaus (Hrsg.)
Handwörterbuch zur Verwaltungsreform
2006. XXXII, 404 S. Geb. EUR 39,90
ISBN 3-531-13756-5

Wichard Woyke
Stichwort: Wahlen
Ein Ratgeber für Wähler, Wahlhelfer und Kandidaten
11., akt. Aufl. 2005. 274 S. Br. EUR 14,90
ISBN 3-8100-3228-X

Erhältlich im Buchhandel oder beim Verlag. Änderungen vorbehalten. Stand: Januar 2006.

www.vs-verlag.de

VS VERLAG FÜR SOZIALWISSENSCHAFTEN

Abraham-Lincoln-Straße 46
65189 Wiesbaden
Tel. 0611.7878 - 722
Fax 0611.7878 - 400

Neu im Programm
Politikwissenschaft

Wilfried von Bredow

Die Außenpolitik der Bundesrepublik Deutschland
Eine Einführung
2006. 297 S. (Studienbücher Außenpolitik und Internationale Beziehungen)
Br. EUR 17,90
ISBN 3-531-13618-6

Dieses Studienbuch gibt eine systematische und umfassende politikwissenschaftliche Einführung in alle wichtigen Aspekte der deutschen Außenpolitik.

Gunther Hellmann

Deutsche Außenpolitik
Eine Einführung
Unter Mitarbeit von Rainer Bauman und Wolfgang Wagner
2006. 260 S. (Grundwissen Politik 39)
Br. EUR 21,90
ISBN 3-531-14906-7

Im Zentrum dieses Lehrbuchs steht die Analyse deutscher Außenpolitik. Der Schwerpunkt liegt auf einer problemorientierten Einführung anhand gängiger theoretischer und methodischer Instrumentarien, wie sie in der Außenpolitikanalyse zumeist zur Anwendung kommen. Die Leserinnen und Leser sollen mit unterschiedlichen Herangehensweisen vertraut gemacht werden, damit sie die Zusammenhänge zwischen theoretischen Perspektiven und entsprechenden Forschungsmethoden auf der einen Seite und konkreten Gegenständen der empirischen Analyse deutscher Außenpolitik auf der anderen Seite besser verstehen und dabei sowohl die Chancen wie auch die Grenzen der jeweiligen Perspektiven erkennen lernen.

Manfred G. Schmidt

Sozialpolitik in Deutschland
Historische Entwicklung und internationaler Vergleich
3., vollst. überarb. und erw. Aufl. 2005.
330 S. (Grundwissen Politik 2)
Br. EUR 21,90
ISBN 3-531-14880-X

In diesem Buch wird die Politik der sozialen Sicherung in Deutschland vom 19. Jh. bis in das Jahr 2005 analysiert und mit der Entwicklung der Sozialpolitik in anderen Staaten verglichen. Entstehung und Ausbau der sozialen Sicherung, ihre Antriebskräfte und ihre Auswirkungen auf die Politik, die Wirtschaft und die Gesellschaft sind die Hauptgegenstände dieses Buches. Es basiert auf dem neuesten Stand der historischen und der international vergleichenden Sozialpolitikforschung. Es ist als Einführung in die Sozialpolitik gedacht und zugleich als problemorientierte Hinführung zur entwicklungsgeschichtlich und international vergleichenden Analyse von Innenpolitik.

Erhältlich im Buchhandel oder beim Verlag.
Änderungen vorbehalten. Stand: Januar 2006.

www.vs-verlag.de

VS VERLAG FÜR SOZIALWISSENSCHAFTEN

Abraham-Lincoln-Straße 46
65189 Wiesbaden
Tel. 0611.7878-722
Fax 0611.7878-400

MIX
Papier aus verantwortungsvollen Quellen
Paper from responsible sources
FSC® C105338

If you have any concerns about our products,
you can contact us on
ProductSafety@springernature.com

In case Publisher is established outside the EU,
the EU authorized representative is:
**Springer Nature Customer Service Center GmbH
Europaplatz 3, 69115 Heidelberg, Germany**

Printed by Libri Plureos GmbH
in Hamburg, Germany